会社にお金を残す経営の話

黒字化再建コンサルタント
椢原浩一
Koichi Kunihara

あさ出版

はじめに

◎奇跡は本当に起きた

経営者は、誰しもドラマを持っています。

そのドラマには、大変な苦労ばかりのドラマもあれば、順風満帆なドラマもあるでしょう。

私が知っているドラマは、山あり谷あり海あり波あり涙ありのドラマばかりです。

これらのドラマの中でも、この本で登場する会社は、最も苦労し、最も涙を流し、最も努力したうちの一社です。

その努力の結果、会社は4年後には1億もの余剰金、すなわち本当の意味での余ったお金を作り出したのです。

しかし、9年前にスタートしたときは、カタチだけの利益は出ていましたが、実態は、「全くお金がない」「利益もない」という状況でした。

このような会社が、4年後には1億の余剰金に加え、本社土地と広大なトラック駐車場を購入できるまでになり、9年後には2億を超える余剰金だけでなく、証券会社からは「上場しませんか」の誘い。

誰がこのようになることを想像できたでしょうか。

どのようにして、最悪の状態からこのような状況にまでなったのか。

それは、

「限界利益だけをみる」

「売上を伸ばしても利益は増えない」

「節税をしても会社にはお金が残らない。納税をすればお金が残る」

という、たったこの三つの考え方を、主人公の逵は信じて会社の経営を行ったのです。

多くの経営者が思っている、

「売上を伸ばせば利益は増える」

「納税するよりも節税したほうが得だ」

という常識とは全く違うかもしれません。

しかし、さきほどの三つのことは成功している経営者では当たり前の考え方です。

◎本書は実在した企業をモデルに

とはいうものの、この考え方だけで「本当に会社が良くなるのだろうか」と思う人もいることでしょう。

本書では、実在する運輸会社を題材に、私が実際にコンサルタントとしてかかわりました。

本書の主人公である遼自身も、最初は疑いながら経営を行っていました。しかし、徐々に実行していくことで、会社が変わり、利益が増え、お金が残ってくることを実感するようになっていったのです。

このあとを読み進めていただければ、遼がどのようなことで悩み、考えながら経営を行ってきたのかを知ることができると思います。

そして、逵の取り組みは、すぐにあなたの会社にも活用できるはずです。

なぜなら、この本に書いてあることは、前にも書いた通り、実在する企業をモデルにしており、その会社が取り組んできたことだからです。

◎ドラマを通じて黒字化、企業再建・再生のノウハウを学ぶ

また、この本では数値のことも出てきますが、会計のことを知ってほしいのではなく、どうすれば経営を良くすることができるのかを説明する手段として数値を取り扱っています。ですから、会計的な細かいことはあまり気にしていません。

会社経営にとって、必要なのは会計の専門知識ではなく、利益が増え、資金繰りが良くなり、たくさんのお金が会社に残るという結果であり、事実です。

世の中には、黒字や再建や再生に関する書籍もたくさんあります。

なかには、数値ばかりでわかりにくい本や抽象的な本も多くあるかもしれません。

ところが、この本は全く違っています。

借入過大
債務超過
リスケ
破産
新会社設立
得意先減少
資金繰り困窮
組織問題
このように、多くの会社が抱えている悩みに加え、金融機関からも見放され、社員さえも相手にしてくれなかった状況を乗り越えてきたドラマがこの本には書かれています。
さあ、そのドラマを一緒に見ていきましょう。

２０１９年３月

梱原　浩一

〔登場人物紹介〕

松平　遼……元日本料理人。武志の弟。武志の後を継ぎ、松平ロジスティクスの社長を務める。

松平　武志…松平運送の元社長。遼の兄。遼に新会社を託し、松平運送の幕をひく。

松平　一雄…武志に社長の座を譲った松平運送の会長。武志、遼の父。

櫻田浩太郎…櫻田入社当時、経常利益率日本一の電機メーカー出身の経営コンサルタント。一雄会長から経営再建の依頼をうける。

はじめに

プロローグ

破たん会社から再スタート、超黒字会社に

CONTENTS

第1章

遼、経営者としてゼロからの出発

第2章

遼、会社にお金を残す仕組みを理解する

CONTENTS

第3章 遼、奮闘し超黒字企業にする

第4章 武志、最後の意思決定

CONTENTS

第5章

〈まとめ〉櫻田ノートで復習する

プロローグ

破たん会社から再スタート、超黒字会社に

突然、ゼロベースで遼が社長を引き継ぐことになったものの、
4年後には黒字超優良企業に。
経営数字とその施策を解説しながら、
本書ドラマにおける
スタートと結末を紹介することにより
全体のイメージをつかんでいただく。

◎料理人が運送会社を継ぐ

「えっ！　オレが」

「遼、武志ができなくなった以上、このあと、他に誰ができる？　おまえしかいないだろ・・」

「料理人の仕事を辞めろっていうこと？」

「わしがやりたいくらいだが、今さら、この年では無理もきかない。遼、おまえしかいない」

３カ月後。

「死んでしまった兄貴の遺志を継いで、オレが会社を建て直すしかないのか。でも、オレにできるのだろうか…」

「もしも、もしも、建て直せなかったら、オレの妻や子供たちはどうなる？」

「路頭に迷わせるかもしれない…。でも、オレがやるしかない！」

料理人である弟・遼が亡き兄・武志の遺志を継ぎ、新たな会社で事業を引き継ぐことになった。

その業種は、運送会社。

その兄の会社が行き詰まり、資金繰りに苦しくなったそのとき、会社を建て直す主役の兄がガンに冒されてしまったのだ。

そこで兄は、１００名を超える従業員、多くの得意先や取引先を守るためには、自分の会社を引き継がせるのではなく、新たに会社を設立し、その会社で自分の事業を引き継がせることを決意した。

なぜ、兄は自分の会社を引き継がせようとは考えなかったのか。

それは、自分の後に誰が社長になっても、今までの自分の考え方や経営スタイル、社員の意識や会社の風土、仕事の仕組み、管理体制や数値管理などが、会社を再建するための大きなハードルになると考えたからだ。

「新たな会社であれば、これらのハードルを少なくすることができる」

本来、会社を建て直すのに、新たな会社を設立する必要はない。

そこであえて、新たな会社で事業を引き継がせ、再生させるという方法を選んだのは、今の会社を引き継がせるよりも、全く新しい会社でやるほうがまだ苦労が少ないと考えたからだった。

そして、その新しい会社の社長は、「全く別の世界で生きている料理人の弟しかいない」と思っていたのだ。

この新しい会社は、「会社分割」という方法で、兄・武志の死後に設立され、そして兄が考えたように、その会社の社長には、料理人の弟・遼が働いていたお店を辞めて就くことになった。

しかし、この新たな会社の船出は、念願叶って独立を果たした男が夢を目指してという希望にあふれたものとは全く違っていた。

最初の大きな苦労は、会社をスタートしてすぐに訪れた。

◎資金ゼロでの再スタート

何からすればいいのか、何もわからないなか、遼は、経理担当者にこれからの支払と入金の予定について聞き、管理職の社員には、得意先がどういう会社なのか、どういう仕事をしているのかを聞いて、会社のことを把握しようとしていた。

遼が経理担当者と話をしているなかで、支払予定のことを聞いていたときに大変なことがわかった。

まず、会社にはお金がほとんどないということ。

そうして、会社をスタートした今月末には、社員の給与の支払があるということ。

さらに来月には、今月分の得意先からの入金はあるものの、社員の給与に加え、運送を外注している先と燃料費、高速代などで数百万円を超えるお金が必要になるということだった。

「なぜ、足らないのか？」

遼は、訳がわからず、経理担当者に聞くと、武志の時からここ数年間、毎月お金が足らなかったということ。だから、借り入れをして、お金を工面していたということだ。

「兄貴は何をやってたんだ！　オレはこんな会社を引き継いだのか！　こんな状態じゃ、会社はすぐに潰れるぞ！」

会社にお金が全くないのは、兄の会社の借り入れを引き継がない代わりに、現金預金も売掛金も引き継がなかったからだ。このことは、遼も承知の上だ。しかし、入金よりも支払が多いとは思ってもみないことだったのだ。

金融機関からの支援は全く期待できない。

なぜなら、兄の会社は金融機関から借りたお金をリスケ（返済条件の変更のこと）しており、兄の会社から新たに設立された会社へ金融機関が融資をするはずがないからだ。

新会社の資金繰りについて、遼は、会長である父・一雄に相談し、一雄は、経営コンサルタントの櫻田に連絡をした。

櫻田は、兄・武志の以前からの知り合いで、武志がガンだとわかるとすぐに武志が正式にコンサルティングを依頼し、武志の会社の銀行交渉や資金繰り、そして遼が社長になった新たな会社の設立など、この数年のことの経緯をすべて知っており、信頼できる唯一の相手だったのだ。

一雄が櫻田と会って相談し、その結論は、武志の生命保険金を使うしか方法がないということになった。

一雄がこのことを遼に伝え、遼は一雄から兄・武志の保険金を借り受け、遼は、自分の会社の運転資金としたのだった。

「何があっても、この会社を潰すわけにはいかない！　絶対にみんなを幸せにしないと！」

武志が命を賭して残した事業を弟の遼が引き継ぎ、何としても事業を伸ばし、そして、存続させることを決意した瞬間だった。

その日、遼は家に帰ったあと、妻・愛希に頭を下げた。

「兄貴から引き継いだ会社を絶対に潰すわけにはいかない。何としても会社を伸ばし、この会社に関わっているみんなを幸せにしたい。当分の間、家のことは何も構うことができないから許してほしい」

遼の妻は、笑顔で頷いた。

◎4年後、不死鳥のようによみがえる

4年後、遼の会社は、1億の定期性預金を保有するまでに成長した。

また、この年には、迷惑を掛けずに24時間トラックを稼働させるため、土地を安く購入、本社も移転し、さらにその4年後には、現預金が2億5000万の黒字超優良企業へと変貌した。

遼は、武志の会社から引き継いだ赤字の事業を儲けることができる事業へと再生させたのだ（24・25ページ参照）。

設立後に一雄から借りた武志の生命保険金は、全額返済したのは言うまでもない。

そして、設立当初は全く相手にされなかった金融機関も手の平を返した対応になり、「昔のことは忘れて是非取引をお願いしたい」と言われるまでになった。

遼の会社は来月の給与も支払うことができないくらいお金のない会社だったのが、なぜこの短期間で億を超える預金ができるようになったのか。

24・25ページのグラフをみると、単純に売上が伸びたからだろうと言われるかもしれないが、この疑問に遼はこう答えるだろう。

「売上を伸ばしたから、預金が増えたのではありません。**預金が増えるように利益を増やしたから**です」

これは、単純に利益さえ増やせばお金が増えるということではないということだ。

また、遼はさらにこう言うだろう。

「売上を伸ばしても利益は増えない」と。

図表 2
遼の会社の「現預金」と「純資産」の推移

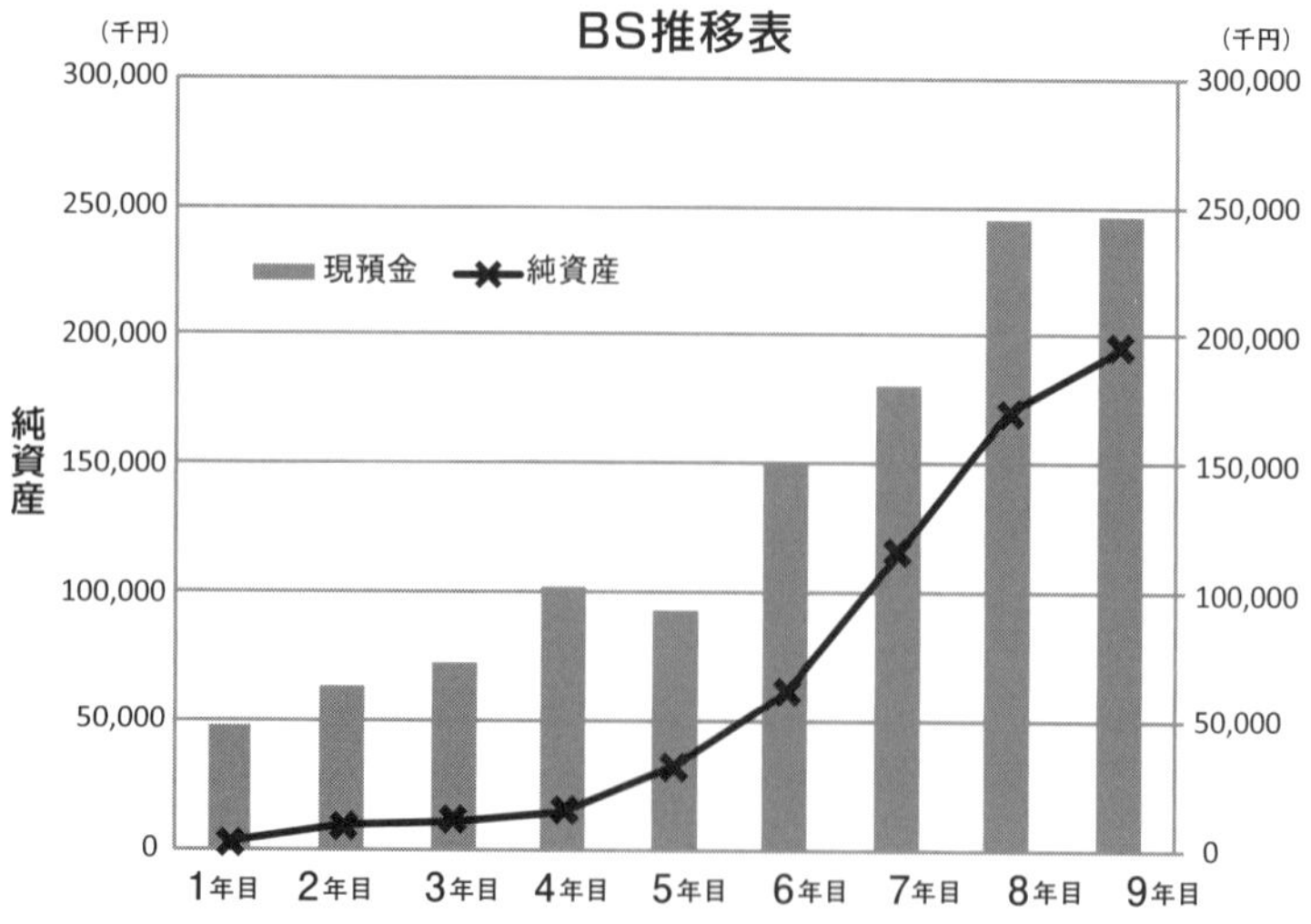

4年目までは、預金の増加額が少ないことから残高もあまり増えていないが、預金の残高が必要な運転資金額を超えた時点で預金の増加額が多くなり、4年目以降、年平均3,000万の預金額が増加している。

↗経費が増加したため。現預金と純資産を見ればわかるように、会社の財務状態は前年よりもさらに良くなっている。

図表1
遼の会社の「経常利益」と「売上高」の推移

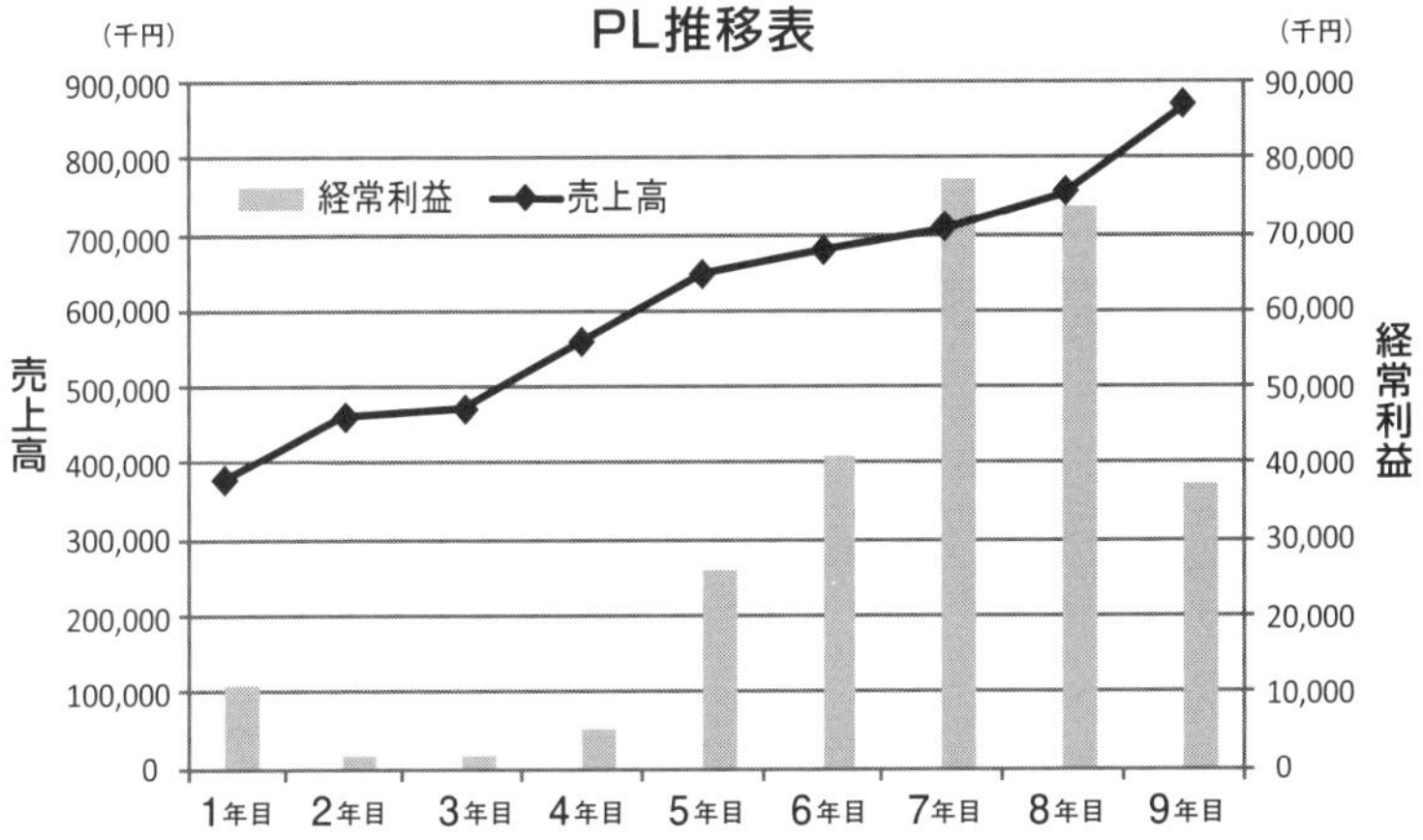

4年間の遼の様々な取り組みの結果、5年目に経常利益が2,000万を超え、その後は、取り組みが継続され、相乗効果で利益は増加をし続けている。9年目の経常利益が落ち込んだのは、車両の購入、修繕、外注など一時的な経費が膨らんだため。

9年目の 2018 年の経常利益が大幅に減少しているが、これは新たな売上を獲得するためのトラックなどのリース料など、一時的に↗

図表 **3**

遼の会社はどのように黒字化していったのか

1年目

社長になってすぐに遼がしたことは、会計を学び、会社のお金の流れを知ることだった。このころは、毎月、月末の支払日になると、胃が痛くなり、眠れない日が続いたそうだ。そして、金融機関からは全く相手にされない時期だった。

「利益は存在しない」「コストは業務から発生する」「売上を伸ばしても利益は増えない」そして、「節税をするな。納税しないと会社にお金は残らない」ということを櫻田から教えられたのもこの時期。

2年目

売上ではなく徹底した限界利益管理を実践。会議ではまだまだ社員とぶつかっていた。いつも遼の頭の中にあったことは、売上でも利益でもなく、とにかくお金を残すことだった。

このころから、社内資料ではよく言われる管理会計資料や損益計算書を使うのではなく、櫻田から教えられたオリジナルの管理表を得意先別に加工して使い始めた。これが、のちのちに大きな成果を生むことになる。

3年目

一人でも多くの社員に限界利益を意識させるために限界利益グラフを会社に貼り出す。「何のために経営するのか」「何のために努力をして会社を続けていくのか」ということが明確になり始め、これを社員と共有するための取り組みを始める。

24時間新年会のスタート。全員個人面談の実践。顧客第一以上に社員第一主義の実践。ドライバーの行動や態度が変わり始め、得意先からも高い評価が出始める。

4年目

二度と赤字にならないために、固定費からと限界利益からと、両方のアプローチからの取り組みを始める。

5年目以降

今までの取り組みをとにかく継続。凡事徹底。一事が万事。小事が大事。

これらはどれも、遼が櫻田から言われたことだ。

「売上を伸ばしても利益は増えない。利益と売上は全く別々のものだ」

「もう一つ、利益を増やしてもそれだけではお金は増えるものではない。**お金は増やそうとしないと増えない**」

ポイント　経営者は売上を気にし、売上を伸ばせば利益が出ると思っている

売上を伸ばすことを何よりも重要だと考え、営業マンにハッパをかけ、自らもトップセールスを行い、売上を伸ばしていこうとする。

そうして、売上を伸ばしている割に利益が増えないことに気づく。

しかし、そこからさらに売上を伸ばそうとし、それでもやはり利益は増えない。

なかには、売上が増えているのに、借り入れが増える会社も多く、挙げ句に資金繰りが苦しくなってしまう。

櫻田は、こういうことを知っていたからこそ、経営を知らない遼が間違った考え方に染まらないうちに、正しい経営の考え方、利益とお金の関係を教え、遼も、櫻田の指導をヒントに会社経営に取り組んだのだ。その結果が先ほどのグラフ（24・25ページ）だったのだ。

遼は、どういうことを櫻田から教えてもらったのか。

そうして、遼は、どういうことをしたのか。

また、武志の会社は、なぜ経営が行き詰まってしまったのか。

このあと、遼と武志が、私たち経営者にとても大事なことを教えてくれるはずだ。

第1章

遼、経営者として ゼロからの出発

まずは遼は経営者としてのイロハを
伝票入力から学ぶ。
会社を知るにはお金の動きをつかむのが
いちばんの近道。
損益計算書に頼らず限界利益、
変動費に注目する。
会社の利益を正しく把握するための
基礎を学ぶ。

◉社長としての最初の修業は会計ソフトへの入力

遼は、社長としての新会社がスタートしてからというもの、毎日あることを考えていた。

「なぜ、お金が足らないのか？」

遼が経理担当者に聞いても、「支払が多いからです」と言われるだけで、経理担当者もそれ以上、どう説明すればいいのかわからなかった。

まもなく、経理担当者が結婚を機に退職をすることになり、「経理ができる人を補充しないといけないいな」と思っていたとき、櫻田との定期的な打ち合わせがあった。

「櫻田さん、経理担当者が寿退社することになりました。誰か補充しないといけないと思っています。それから、資金繰りが苦しいので売上をもっと伸ばそうと思います」

遼の言葉を聞き、櫻田はニコッと笑い、こう言った。

「君が経理をやればいいよ」

「えっ⁉」

まさか自分が経理をしなさいと言われるとは思ってもみなかった遼は、櫻田にこう聞き返した。

「社長のオレが経理をするのですか？」

櫻田は続けた。

「君は料理の腕はプロだろう。今すぐにでもお店ができるくらいの腕前だと会長が嬉しそうに言っていた。しかし、経営に関しては何も知らないずぶの素人だ。その君に今、必要なことは何かわかるかな？」

櫻田はニコニコしながら言っているが、遼はずぶの素人だと言われたことがひっかかっていた。

「いいえ、わかりません」

櫻田は相変わらずニコニコしながら話を続けた。

「そうか。**経営者にとって最も大事なことは、売上でも利益でもない。お金だ**。今、会社にいくらお金があり、それが来月の今、2カ月後の今、どうなっているかを予測することだ。そのうえで、お金がどうすれば増えるのか考えてみればいい」

遼は少し混乱してしまった。

今、会社にお金がいくらあるかくらいはわかっている。毎日ネットバンキングで残高をみているからだ。

来月や2カ月後の残高がどうなっているかは、今までは経理担当者に聞いていたが、その経理担当者もいなくなってしまったことでどうにかしないといけないなと思っていた矢先だ。それよりも、遼が知りたかったのは、来月や2カ月後の残高を知ってもどうすればいいかわからないから、このことを教えてほしかった。だから、遼は売上を伸ばすことを考えたのだ。

「経理を自分がやることで来月や2カ月先の残高がわかるのであればやろうと思います。でも、もっと大事なことはその残高を知ったあと、どうすればいいかではないでしょうか。

オレはそれが知りたいんです。それを教えてください！」

遼の横で、会長の一雄がヒヤヒヤしながら櫻田の顔を見ていた。

櫻田はさっきと同じようにニコニコしながら、こう言った。

「君の会社が、いつ、どこに、いくら支払っているのか。いつ、どこから、どれだけの入金があるのかを知ることが、どうすれば良いかを見つける手がかりになるんだ。売上を伸ばそうとするのは、これをやってからでも遅くはない。請求書や領収書の一枚一枚を見て、会計ソフトに入力してみなさい」

遼はこう思った。

「オレはこれでも社長なんだけど。そのオレにずぶの素人はないだろう。経理の入力くらい簡単なものだ。オレが今まで、どれだけの修業をお店でしてきたと思っているんだ」

遼は、少し腹立たしい気持ちを顔には表さないようにしながら、こう言った。

「今日からやります！」

櫻田は、遼の気持ちを見透かしているかのように、ニコニコしてこう言った。

「経営者としての最初の修業だと思ってやってください」

◉自社の思わぬ事実を発見！

この日から、社長としての遼の最初の仕事は会計ソフトの入力になった。

同じ部屋にいる管理職の社員は、つい先日まで経理の女性がやっていたことを、新しく社長になった遼がやっていることに違和感を覚えながらも、自分たちは何も口に出さずに、時折、遼が言う一言一言に聞き耳を立てていた。

「燃料費って、こんなにもかかっているのか」

「ん？　また、同じ車がガソリンを入れているな」

「あれ？　近くに行くのに高速を使っているぞ」

「この得意先の売上は多いからありがたいな。兄貴の会社の時からのつきあいだから、いちばん古い得意先だな。大事にしないと。ん？　請求書を送ってから翌月に手形をもらっているのか。えっ！　この会社の手形は120日なのか！　入金まで150日もかかるのか…」

「なぜ、これだけのコピー用紙を買っているんだ」

「先週もこの部品を買ったのに、また買っている。なぜだ？」

ポイント　伝票入力でこれまで気づかなかったことが見えてくる

武志が会社経営をしていた当時、日常の修理や点検、車検を行うために、もう一つ別に整備専門の会社を持っていた。遼の新しい会社で運送事業をやるようになってからは、**その整備会社は休眠し、新しく興した会社で整備部品を購入して修理や点検をやるようにした**のである。

そこで、トラックとは関係のない部品を購入していたり、購入価格が高いと思われる部品を買っているのを遼が見つけたのだ。

遼が、一枚一枚請求書や領収書を見ていることは、すぐにドライバーや社員全員に知れ渡った。

「新しい社長が何か細かいことをやってるぞ」

誰も歓迎していなかった。それでも遼は、毎日毎日、請求書と領収書を一枚一枚見ながら会計ソフトに入力していった。

ポイント 資金繰り表の役割を理解する

1カ月が終わり、遼はその月の請求書と領収書から、どの得意先から、いつ、いくらの入金があるか、どこに、いつ、いくら支払うのかということがわかるように表にした。それが資金繰り表である。

今までは、辞めた経理担当者が作成しており、そのときは、今ひとつそれぞれの数値の中身はわかっていなかったが、今はすべての数値の中身がわかっている。

なぜなら遼自身が作成しているからだ。

このあと、遼は、とても大事なことに気がついた。

「得意先別に請求書を送っているから、得意先別に、いつ、いくらの入金があるのかはわかる。しかし、その得意先の売上に対して、どれだけの支払があるのかが、資金繰り表でも会計でもわからない」

遼は、自分の会社では、**得意先別にどれだけのお金がかかっているかがわかっていない**ことを見つけたのだ。

「それと、コピー用紙の購入やカラーコピーの多さ、燃料の入れ方、高速の使い方。いろいろ悪い点があることはわかった。

でも、仮にこれらを削減しても増える利益はそれほど多くないのではないか。もし、そうだとすると、利益を増やすにはどうすればいいんだろう。やっぱり売上を伸ばすしかないんじゃないか」

遼は、売上を増やす以外で利益を増やす方法を見つけることができなかった。

翌日、遼は朝礼で、管理職と社内にいた社員とドライバーにお金の使い方について、経理の入力から感じたことを伝えた、

「コピー用紙の購入が多いと思います。購入の回数が多いということは、ミスコピー

が多いのかもわからないので気をつけてください。それから、近距離の場合は、高速を使わないようにしてください」

言い終わるか終わらないかのうちに、あるドライバーから発言があった。

「高速に乗らなければ、今以上に時間がかかるけど、それでもいいのか。社長さんよ」

遼は、一つひとつのトラックがどのルートを通って、配送をしているかまではまだ知らなかった。

「時間がかかるのはあまり良いことではありませんが、得意先から指示されている納品時間に間に合うのであれば高速は使わないでください」

「間に合わないと思ったときは使う。間に合うと思ったときは使わない。これでいいか。社長さん」

笑いながら話すドライバーの言葉に、それ以上何も言うことはできず、遼は頷くしかなかった。

「なぜ、みんな会社のことを考えていないんだ」

◉利益は存在しない

今日の午後からの櫻田との打ち合わせを遼は待ちわびていた。

経理入力をしてきたことで、会社のお金の流れはわかった。そして、いつ、どこから、いくらの入金があって、いつ、どこに、いくらの支払があるのか把握できるようになり、それを今月から3カ月先までの表としてまとめることまではできた。

会社のお金に関しては見えてきたという実感がある。

ポイント　会社のお金を増やすには

会社のお金を増やすには、入金を増やし、支払を減らすことしかない。

そのために、まず、ムダな支出については、自分だけでなく社員にも減らすよう、遼は会議などで説明し、取り組みを進めている。それでも、それほどの大きな額の削減は期待できない。

入金を増やすためには、仕事量を増やさないといけない。しかし新しい仕事を増やすにはトラックやドライバーが必要になるが、そのお金が遼の会社にはない。

入金と支払という視点では、これ以上の方法を見つけることはできない。お金を増やすにはこれだけではない、もっと他のことにも取り組んでいかなければいけないということだ。その他のこととは…。

しかし、得意先別の売上入金に対し、同じ得意先でどれだけのお金が、その月に残ったのかということを知りたいが、それにはどうすればいいかがわからない。

それと、先週の朝礼時のことだ。

少し経費削減の話をしただけであれだけの反発がすぐに出てくる。

遼は、この先が見えないどころか、迷路に入ってしまったように感じていた。

遼には櫻田に聞きたいことがたくさんあったのだ。

櫻田が来社し、打ち合わせが始まった。

「遼くん、経理の入力は相当できるようになったそうだね。会計事務所から聞いているよ」

会計事務所は、遼が新会社の社長に就いたとき、税金の考え方について厳しく言ってくれるところがいいと櫻田が会長と話をし、櫻田が遼に信頼できる会計事務所を紹介したのだ。

「それと、資金繰り予定表と実績表も作っていると聞いているが、それをみて何か問題だと思うことはあったかな？」

遼は、資金繰り表を自分が作ることで、入金や支払の中身がよくわかってきたことを話し、そのあとにこう言った。

「入金については、得意先別の売上に基づいて請求するのでその予定額はわかりますが、同じ得意先でどれだけの支出があり、どれだけのお金を残せているのかがわからないのです。それを知りたいのですが、どうすればいいのでしょうか？」

櫻田はニコニコしながらこう言った。

「売上と入金、費用と支払。この違いはわかるかな？」

「売上と入金も、費用と支払も、それぞれ同じようなことだと思いますが」

櫻田は「これらは同じではない」と言った。

ポイント　売上と入金は違う

櫻田の指摘はとても大切なことだ。それは、**売上はお金ではない**ということ。費用もお金ではないということ。一方、**入金はお金**である。支払もお金。売上と入金、費用と支払。これらは同じように見えて、全く別々のことだと理解しておかなければならない。

櫻田は話し続けた。

「遼くんが会計ソフトに請求書や領収書などを入力したものを、あるルールでまとめたもの、それがこれだよ」

こう言って、櫻田が見せたのが、損益計算書と貸借対照表だった。

「損益計算書は、売上から原価を引いて、売上総利益、これは粗利とも言うね。この粗利から販売管理費を引いて営業利益を出し、そこに営業外収入を加え、営業外支出を引いて経常利益を出し、さらにそこから特別利益を加え、特別損失を引いて税引前当期利益を出すようになっている。

この中の経常利益、あるいは他のどの利益でもいいが、君が作成した資金繰り表の実績の残高と一致しているかな？」

遼が比べてみると、全く一致していなかった。額こそ少ないが、利益は黒字だった。しかし、お金は、その少ない利益よりもはるかに少なかったのだ。

「どこか間違っているのだろうか」

遼がそう思ったとき、櫻田は、

「遼くんの会社の場合、利益と残高は一致しないんだ。

売上も仕入も経費購入もすべて現金でその場で支払っているのであれば一致する。

しかし、口座に入金があったときに入金、口座から支払ったときに支払という**入金**・**支払**のタイミングで作成された資金繰り表と、請求書を発送したときに計上した**売上**、請求書が届いたときに計上した**費用**で作成された損益計算書、それぞれのタイミングがズレているから一致しないんだよ」

さらに、

「請求書を送ってもまだお金はここにはない。逆に請求書が届いてもまだお金はここにある」と言った。

ポイント **利益は、売上から原価や経費を差し引いたもの**

売上や経費を計上するタイミングは、お金の入金や支払の時期と一致していないから**売上と費用の差額である利益と入金と支払の差額の残高は一致しない。**

遼は、それでは得意先別にどれだけお金が残っているかを知ることはできないのかと思った。

◉しかし、コストは存在する

櫻田は、

「得意先別の話はあとでしよう。もう少し、利益とお金のことを知っておいてもらいたい」と言って、さらに話を続けた。

「ドラッカーという人を知っているかな？　20世紀初頭に生まれた経営学者だ。私たち経営者は実務家として仕事をしているから、学者の論文や論評というものは参考にはしても羅針盤にはしない。

しかし、ドラッカーは別だ。私が経営コンサルタントとして、いちばん最初に学び、いちばん長く学び続けている人だ。それがドラッカーだ。日本だけでなく、世界の大企業から中小企業、個人事業に至るまで多くの経営者が気づきを与えられ、示唆を与えられている唯一の人と言える。その人がこういうことを言っている」

ポイント **ドラッカーの言葉**

「利益に関する基本的な事実は、『そのようなものは存在しない』ということである。存在するのはコストだけである」（『すでに起こった未来』）

遼は、利益が存在しないと聞いて驚いた。

料理人の時代から利益を稼ぐためにと教えられ、利益追求が経営ではとても大事なことだと思っていた。ところが、今日、利益とお金の残高は一致しないと言われ、次に利益は存在しないと言われ、よくわからなくなってしまっていた。

さらに櫻田は続けた。

「**利益は存在しない**。しかし、コストは存在する。コストには、事業遂行のコスト、事業存続のコストがあり、労働コスト、原材料コスト、資金コストがある。そして、利益は、事業を存続させるためのコストだ。これはドラッカーの言葉だが」

ポイント 損益計算書の利益を盲目的に信じてはいけない

ここで櫻田の話を補足する。

損益計算書の利益がお金であるととらえるのではなく、**この利益は事業を存続発展させていくための条件としてとらえる**。そしてそれは、**これから存続発展するための事業を行うためのコストとしてとらえる**。

これは、会社がこのコストを生み出す責任があるという考え方を意味している。

「利益がコスト？」

利益は売上から生み出されたモノなのに、コストとはどういうことか、遼にはわからなかった。

「わからないという顔をしているね」

「利益というものは、事業が存続するために使われる。利益は確かに売上から経費を引いた差額で算出されるモノだが、そこには何も実体はない。そして、この利益は、その利益が生まれた後に、事業が存続するために使われることから、コストと言っている。

この、これからの事業を存続させるためのコスト、すなわち利益がなければ事業は続けられないということだ」

ポイント **利益とは何か**

利益そのものは通帳のどこにも存在しない。しかし、**その利益があるからこそ、未来に事業を存続させるためのコストをかけることができる。**だから、**利益は事**

業存続コストだと言っているのだ。

遼は、今までと全く違う感覚で利益をつかもうとしている自分がいることに気がついた。

◉限界利益と売上

櫻田は大好きなアイスコーヒーを一口飲んで、再びニコニコしながらこう言った。

「遼くん、ではその利益を増やすにはどうすればいいかわかるかな？」

遼は胸を張って答えた。

「売上を伸ばせば利益も増えます」

「そうだろうか。売上を伸ばせば、本当に利益は増えるのだろうか」

櫻田のこの言葉に遼は、

「さっきの利益は存在しない。利益は事業存続のコストだというのは何となくわかった。

でも、売上を伸ばしても利益が増えないというのは理解できない。だって、売上から経費を引いたら利益なのだから、その売上を増やせば利益は増えるに決まっている。こんなこと小学生でもわかることじゃないか。この人、本当にコンサルタントなのか」と思った。

「じゃあ、どうすれば利益は増えるのですか？」

遼は、意地悪っぽく質問した。

「限界利益を増やせば利益は増える。遼くんは限界利益というのは何のことかわかるかな？」

「限界利益は、売上から変動費を引いたものですよね。ぼくの会社で言えば、運送原価の中の売上に応じて変動する費用、外注費を売上から引いたものです」

遼は、自分で経理をやるようになってから会計の本を読んで勉強していたのだ。

「でも、櫻田さん、その限界利益も売上を伸ばせば増えるのですから、結局は、売上を伸ばせば利益は増えるということになりませんか？」

遼は自信満々で櫻田に言った。

横で、一雄はまたヒヤヒヤしながら、遼の生意気なところが出てきたと思っていた。

◉売上を伸ばしても利益は増えない

櫻田は、さっきと同じようにアイスコーヒーを飲みながら、次ページの図をノートに書いた。

「遼くん、売上が１０００、利益50の会社があるとして、売上が１１００になれば利益は、いくらになると思う？」

遼は少し自信なさげにこう答えた。

「利益は１５０になるか、いやもっと増えるかもわかりません。50より増えるのは間違いないと思います」

図表4
売上が増えれば、利益は必ず増えるのだろうか？

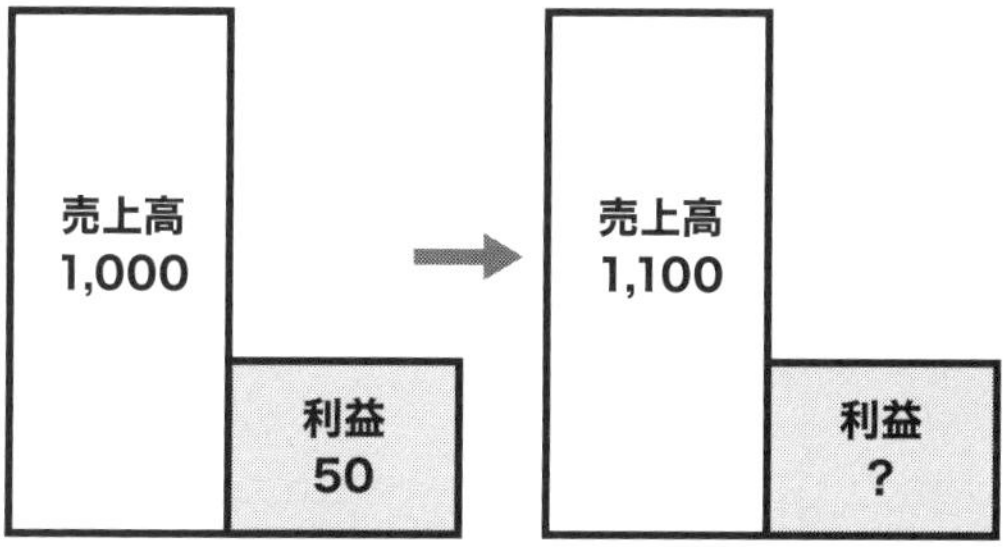

売上が増加したからといって、利益は必ず増えるとは限らない。それは、「売上＝単価×数量」という計算式と、この表に記載されていない「変動費」が影響しているからなんだ。

櫻田はノートに新たな表（52ページ）を書き、こう言った。

「実はさっきの表では、売上が増えると利益も増えるかどうかは誰にもわからない。もう少し詳しく書こう。こっちの表では利益がいくらになると思う？」

「売上に対して、変動費は30％なので、売上増加後の変動費は330。限界利益は770。だから利益は120。やっぱり売上を伸ばせば利益は増えましたね！」

遼は自信を持って答えた。

櫻田は、相変わらずニコニコしながらこう言った。

「遼くんの考えは、間違ってはいないが、正しくもない。まだ、変動費の考え方が

図表5

売上が増えれば、変動費と限界利益はどうなる？

櫻田が新たに書いた表

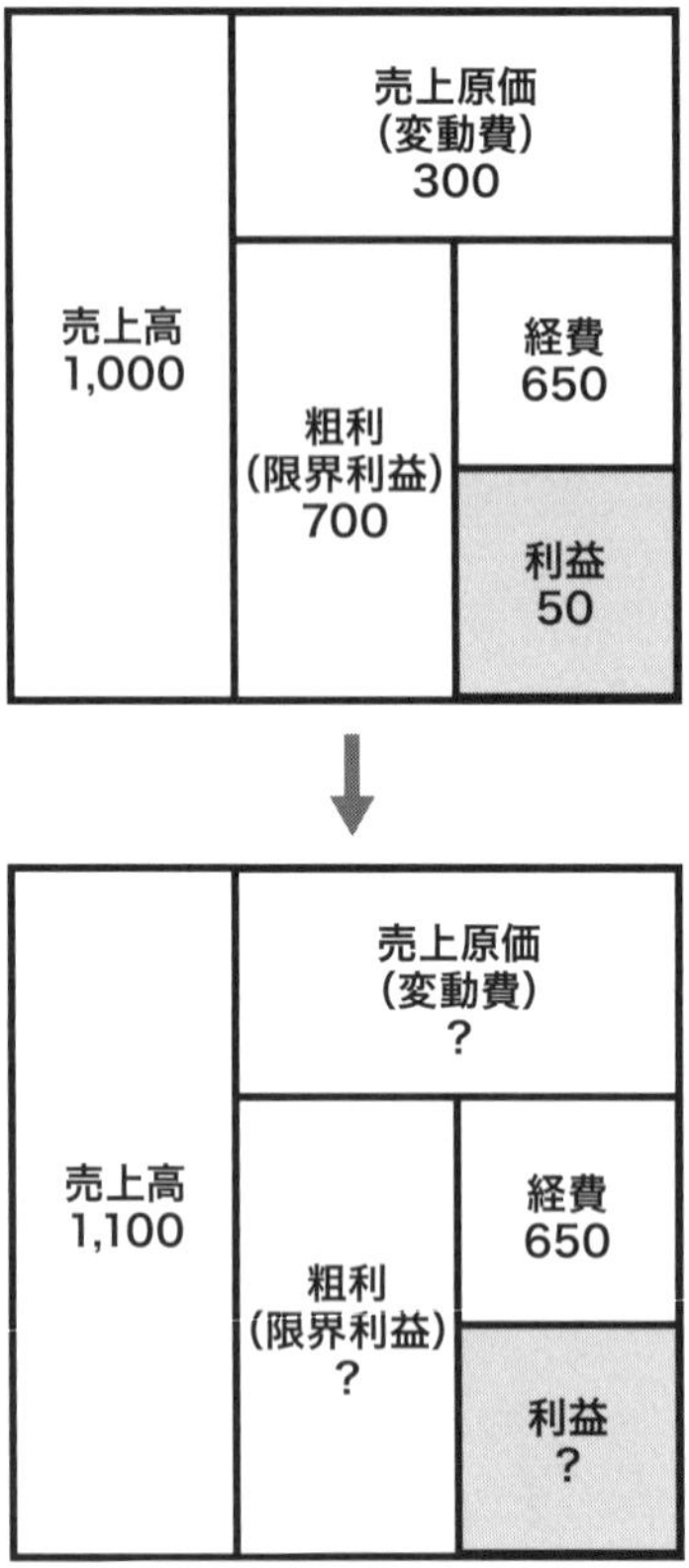

図表4をさらに分解したものがこの表。利益がいくらになるかは変動費がどのようにして計算されるかで決まるんだ。

わかっていないようだね。確かに、売上に応じて変動する費用が変動費だと書いてある会計の本も多い。仮に、売上に応じて変動するとすれば、売上が伸びていくにしたがって忙しくなって増える残業代は変動費ということになる。しかし、この残業代は変動費ではないんだ。

また、固定費は変動しない費用のことを言うと思っていないかな？

固定費も変動するんだよ」

遼は戸惑った。つい最近読んだ会計の本とは全く違うことを櫻田が言ったからだ。

この後の話に遼は驚いた。

「変動費は売上を構成する要素の一つである数量に比例する費用のことをいう。売上は、単価と数量のかけ算で考えないといけない。売上という大きな括りでみているようでは、問題を解決する方法を見つけることはできない。

参考までに、マーケティングでは単価×数量に、さらに頻度を掛けることも多くある。

売上＝単価×数量×頻度

それから、売上を増やせば利益は必ず増えるということもないうえに、売上が増えたにもかかわらず、利益は減ってしまうこともある」

櫻田は、ノートに

・売上を伸ばしても赤字になる

と書き、新しい表（次ページ）を書き始めた。

「いちばん上の図は売上を伸ばそうとする前の実績だ。左の小さい図は一商品あたりの単価と変動費、限界利益を表している。

遼くんの会社では、一ルートあたりの数値だと考えれば良い。その一ルートあたりの数値に販売数量をかけると右の全社の図になる。この販売数量は遼くんの会社で言うと、会社全体のルート数のことだ。

イ・ウ・エ、３つの図をよく見てほしい。３つとも、全社の売上は１１００だ。しかし、左側の図の単価と数量を見ると、３つとも違っていることがわかるだろう。単価と数量のかけ算で売上が決まることを表している。同じ１１００という売上でも単

図表6
売上を伸ばしても必ず黒字になるとは限らない(赤字になる場合もある)

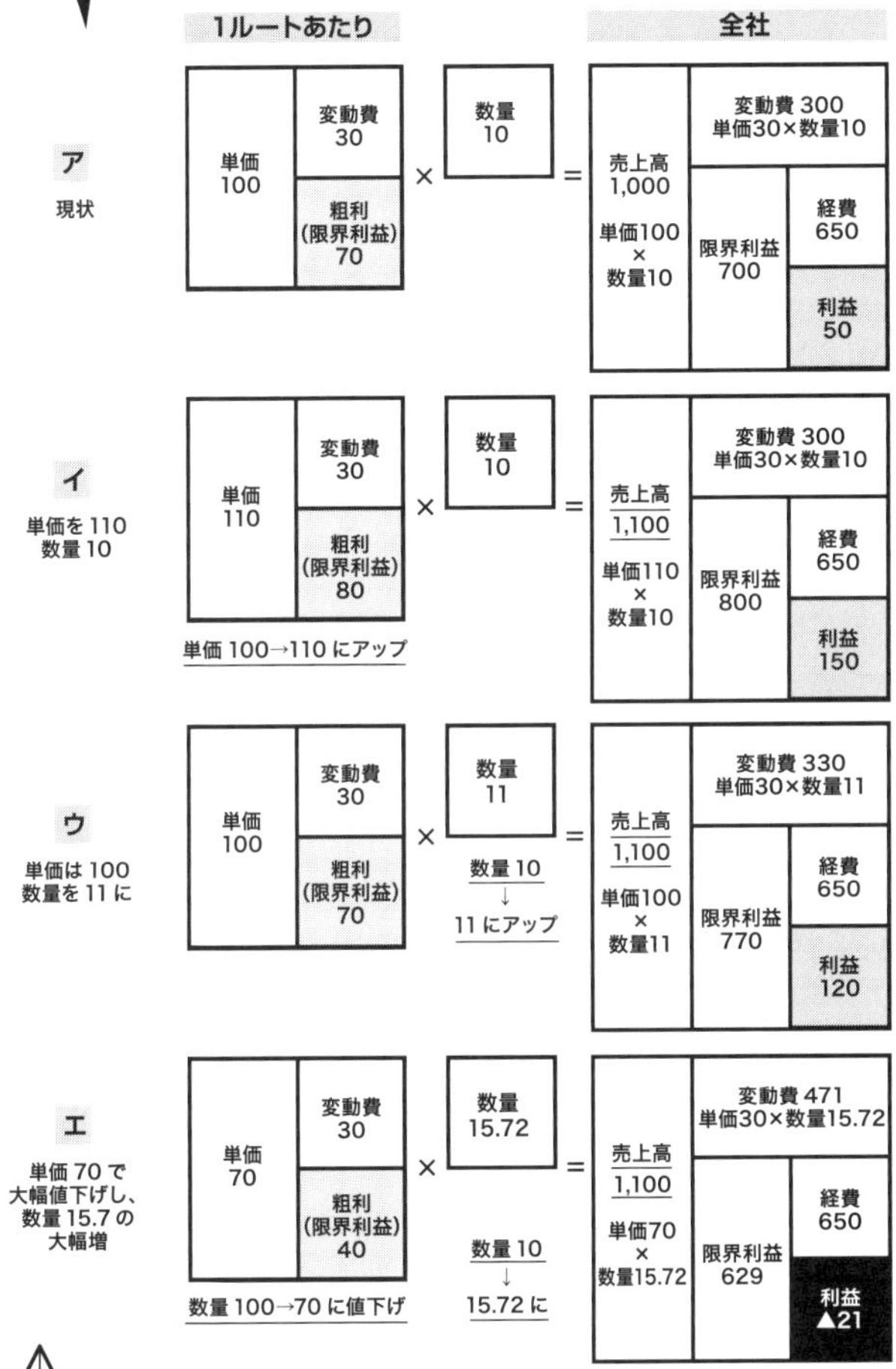

売上を同じだけ伸ばしても利益は千差万別。それは、単価で売上を伸ばしたのか、数量で売上を伸ばしたのか、売上を伸ばしたその理由によって変動費の数値が全く変わるからだ。

価と数量も組み合わせは数多くあり、会社はどういう戦略を持って1100の売上を実現しようとするかで利益は変わってしまう」

遼は、これから利益を増やすためのとても大事なヒントを聞いたと思った。

すぐにメモを取った。

・売上をいくら伸ばしても利益には関係ない。
・そして、売上が同じでも利益は変わることがある。
・売上を伸ばすだけでは限界利益も最終利益も増えるとは限らない。
・販売数量がどう変化するかで変動費も変化し、その結果で限界利益が決まる。
（変動費＝数量比例の費用）
・売上を増やせば良いのではなく、どう伸ばすのか。
それはどう単価を上げるのか、どう数量を増やすのか、ということ。
これが利益を左右する。
・「売上＝単価×数量×頻度」

・売上を目標とするのではなく、単価と数量、さらに頻度を目標にすることで、何をすればいいのかまで見えてくる。
・この考えに、さらに変動費をどうするのか、固定費をどうするのかを検討することが経営計画になる。

「今日の打ち合わせの最後にもう一つ話をしよう」

櫻田はこう言って話し始めた。

◉限界利益だけを考えろ

「今までの話で、売上を増やしても利益には何の関係もないということはわかったと思う。ここでいう利益は、営業利益や経常利益のことだ。

じゃあ、利益と関係があるものは何だろうか？　このことがわからないと具体的に

売上よりも重要な限界利益を管理することが大事①
会社が支出している費用（売上原価、製造原価、販売管理費）の中で、数量に比例して変化する経費が変動費。くれぐれも売上に応じて変動する費用ではないことに気をつける。

何をしていいかがまだはっきりしない」

　こう言って、櫻田は遼の顔を見た。

　遼は、一瞬ビクッとしながらも、今さっき、理解したことを櫻田に伝えた。

「変動費は数量に比例し、このことが限界利益に影響を与えるのですから、利益と関係をしているのは、数量、ぼくの会社ではルート数ではないでしょうか」

「そうだ。会社全体の変動費は、一商品あたりの変動費と数量のかけ算で決まる。しかし、この変動費は直接、利益には関係していない。この変動費が関係をしているのは限界利益だ。

　そして、利益は、この限界利益から固定費を引いたものだ。**限界利益が、固定費を上回った瞬間から会社は黒字になる。限界利益が固定費より少ないと赤字になる**」

　櫻田はこう言いながら、ノートに図（次ページ）を書いた。

売上よりも重要な限界利益を管理することが大事②
売上からこの数量に比例する費用である変動費を引いた利益が限界利益。業種によっては、売上原価に数量比例費用の仕入しか含まれていない会社は売上総利益と限界利益がほぼ近い数値になる。

図表7

黒字は限界利益が固定費を上回ったとき
(赤字は限界利益が固定費を下回ったとき)

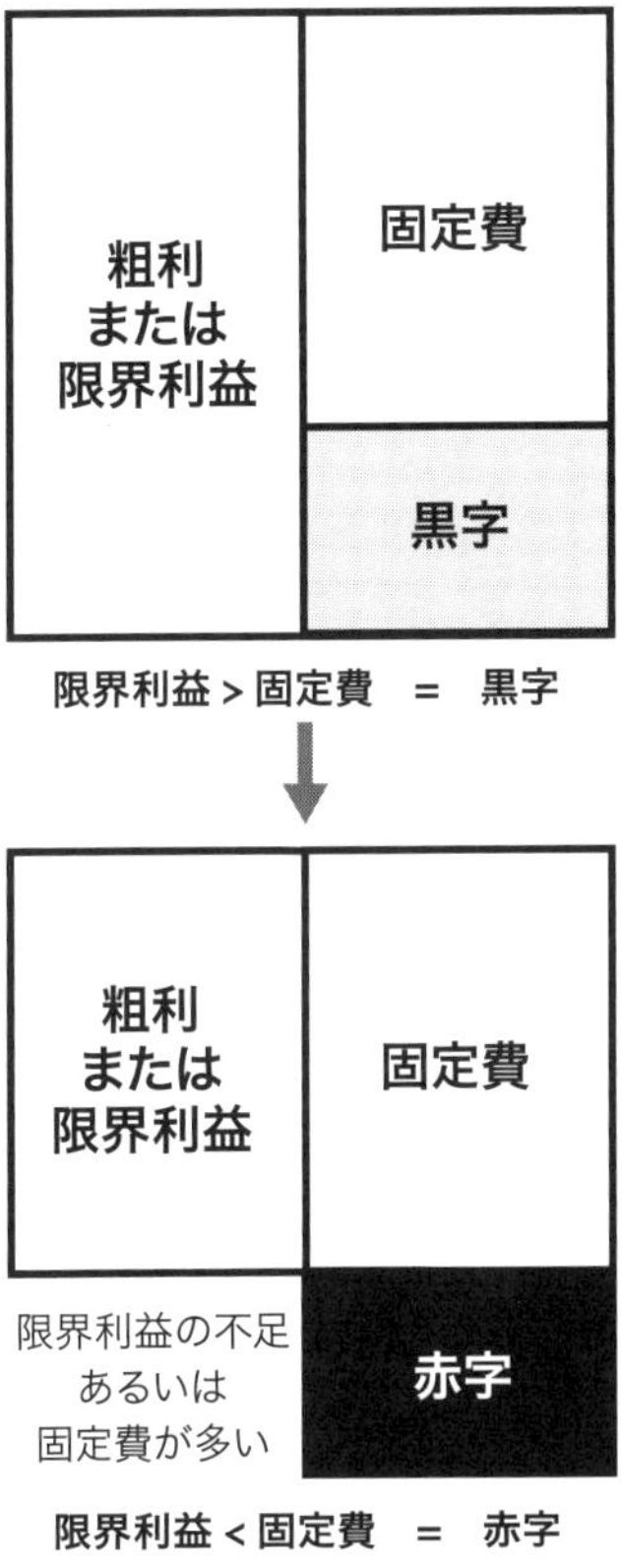

利益は限界利益と固定費の関係で決まる。売上で決まるのではない。売上ではなく限界利益をどう増やすかを考えることだ。

「会社の利益は、限界利益と固定費との関係で決まる。売上を伸ばそうと考えるのではなく、**限界利益を増やそうとすることだけに注力すれば必ず利益は増える**。余計なことは考えないことだ。

利益はお金の残高とは一致しないが、利益が増えれば手許に残るお金は増える。

ここで売掛入金サイト（売上から入金までの期間）を考える必要がある。今後、新たに取引をする得意先については、このサイトを得意先から言われるがままに受けないことが大切。

得意先の窓口になっている社員とこのことをきちんと話し合う。

また、支払サイト（請求書が届いてから支払うまでの期間）は売掛金の入金サイトと同じか少し長いことが大事である。とくに、高速代と燃料費、外注費については確認して、もし短いというときは、入金サイトが長くて売上が多い得意先の売上を今以上に伸ばしてはいけない」

こう言って、櫻田はおいしそうにアイスコーヒーを一口飲んだ。

売上よりも重要な限界利益を管理することが大事③
売上総利益は在庫の影響を受けて増減する。在庫の影響を受ける利益では利益を増やすための検討ができない。限界利益も在庫の影響を受けないようにしないと使えない。

◉損益分岐点比率を判断材料にする

遼は、少し混乱していた頭の中がすっきりした。限界利益を伸ばすことだけに注力しろと言われたことで、何をすればいいのかがわかり、すっきりした顔で一雄にこう言った。

「会長、今の当社の一ルートあたりの単価と変動費、そしてルート数を正しく知りたいので、後で少し手伝ってもらえませんか」

一雄は、少し頼もしくなった遼を見ながら笑顔で頷いた。

櫻田は続ける。

「そうそう、最後にもう一つ。固定費を限界利益で割って、%に変換すると損益分岐点比率が計算できる。こういう比率をいくら眺めていても何も生まれてはこないが、上手に使うことで、経営判断、意思決定、方策を考えるときにとても役に立つものに変わる。

例えば、固定費500、限界利益600の会社の場合、この比率は83・3%になる。この数値は、損益分岐点比率だから、売上高100とした場合の損益分岐点売上高が83・3ということを表している。

これでは何のことかわからない。しかし、この83・3%を1カ月の日数、31日に掛けると、1カ月のうちで何日目に損益分岐点を超えるのかがわかる。この場合は25・8だから、26日目ということになる。

残り5日間でさらに利益を増やしたいときは、5日以内に売上計上できるものを販売しないといけない。遼くんの会社でいえば、5日以内に終了し、売上計上できる仕事だ。

また、この26日を20日にしたいと考えたときは、この83・3%が64・5%にならなければならない。

固定費が500ということから、500÷64・5%＝775となり、限界利益を600から775へと30%アップすることが必要になる（図表8 64〜65ページ）。

コラム1　黒字化再建への押さえ処

とにかく限界利益

限界利益は、とても重要な利益であり、会社経営において最終利益を増やしお金を増やしたいと考えるのであれば、この限界利益をしっかりと管理し、これをどう増やすのかということに全力を注がなければいけない。

本文でも、遼が限界利益を増やすことと売上を伸ばすことが同じだと言っていたが、多くの人の間違いは、限界利益を増やすために売上を増やそうとすることだ。

ここまで読んでいただいている人には「売上を増やしても利益は増えない」ということはすでに理解をしていただいていると思う。

では、限界利益を増やすにはどうすればいいのだろうか。

一つは、**社員を巻き込んで限界利益を増やすための取り組みを考え、実践する**こと。これには、自社の商品別や得意先別の売上を構成する要素である【販売単価】【１個あたり変動費】【販売数量】【購買頻度】【１個あたり限界利益】などの資料を基に社員に知識を与え、会議などで一緒になって検討することだ。

もう一つは、**経営者の経営能力、経営知識を伸ばす**こと。

経営者の能力以上に利益は出ないからだ。

経営知識とは経営に関する知識である。市場環境を見抜く知識、戦略や商品力強化に関する知識のことだ。

残念ながら、中小企業経営者にとっては最も弱い分野である。しかし、そんなことは言っていられない。遼が櫻田に教えてもらったように、あなたもあなたの知識と能力を高める努力をしてほしい。

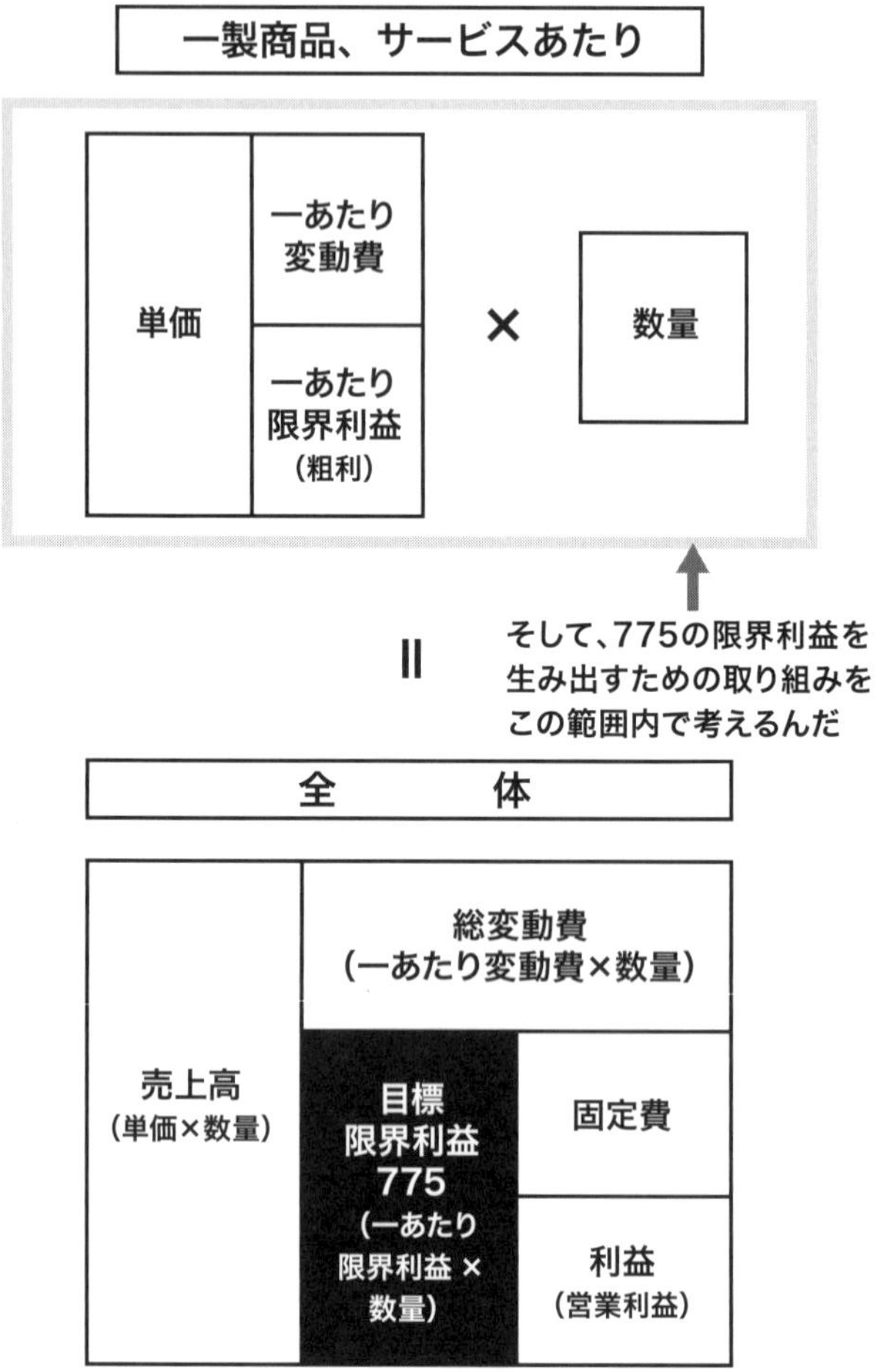
一製商品、サービスあたり
単価
一あたり
変動費
一あたり
限界利益
(粗利)
×
数量
そして、775の限界利益を
生み出すための取り組みを
この範囲内で考えるんだ
＝
全　体
売上高
(単価×数量)
総変動費
(一あたり変動費×数量)
目標
限界利益
775
(一あたり
限界利益 ×
数量)
固定費
利益
(営業利益)

図表8
何日目で損益分岐点を超えているのかを知る

固定費　500
限界利益　600
損益分岐点比率83.3%

31日×83.3%≒26日
26日目に損益分岐点を超えて黒字になる

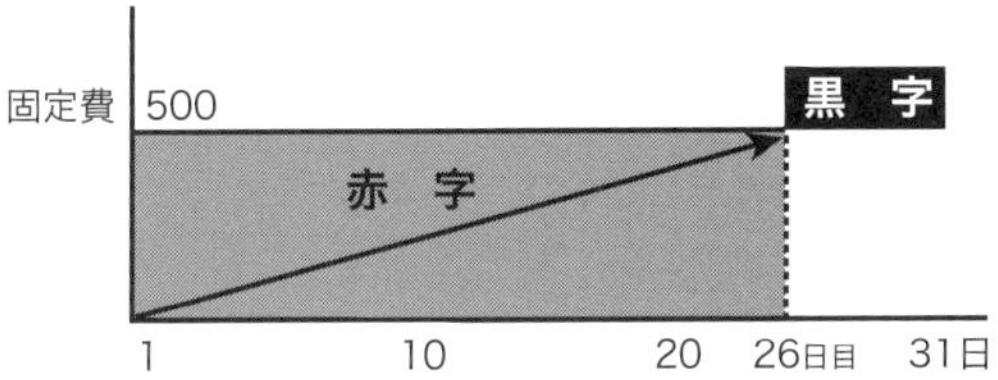

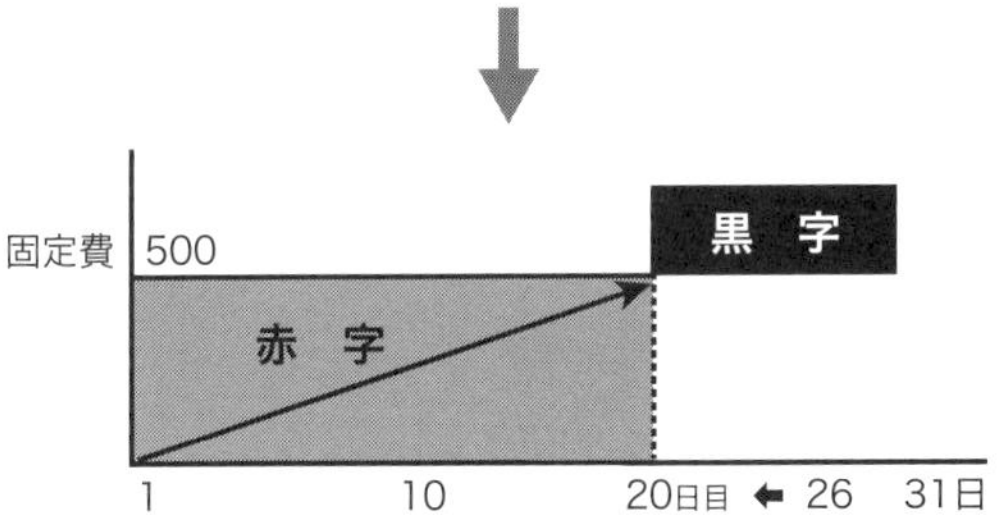

この26日を20日にしたいと目標を立てたとき、そのために必要な限界利益は、
(20日÷31日)×100=64.5%
固定費　500
500÷64.5%=775
775の限界利益を生み出せば20日で損益分岐点を超えることができる

そして、この**限界利益を増やすには、変動費単価、数量、受注単価のそれぞれの数値について、何度も試算してそれぞれの目標値をはじき出し、同時に、実際の取り組み策も考えながら、さらにその取り組み策が実行可能かどうかも検討するんだ。そうして、決定された取り組み策を社員と共有し行動に移す**。会社を経営するというのは、このように考え、検討し、行っていくものなんだ」

櫻田は、ここまで言うと、「そろそろ次のクライアントとの打ち合わせがあるから。また来月打ち合わせしよう」と言って、アイスコーヒーを飲み干し、帰って行った。

遼は、櫻田が帰ったあとすぐに、会長に手伝ってもらいながら、一ルートあたりの受注単価と変動費単価、ルート数を計算し、櫻田が書いていったのと同じ図（図表6）を作り、自分の会社の状況を把握することから始めた。また、損益分岐点比率も算出し、何日目で黒字になっているかを把握し、これを現状から7日間短くすると決め、そのためにはどうすればいいのかを考え始めた。

遼は経営の歯車を回し始めたのである。

◉企業は環境適応業　そして自分にできることに集中する

それから、数日後、櫻田から遼にメールが届いた。

メールは、「もう少し伝えておきたいことがあったので、このメールを送った。ゆっくりと時間のあるときに読んでほしい」という書き出しで始まっていた。

『先日、話をしたことはとても大事なことだ。そのときに話をしたことを会社に当てはめて実践すれば、必ず利益は増え、お金を増やすことができる。

今の遼くんには、もう一つとても大事なことがある。

それは、「売上を目標にするな」ということだ。

経営というものは、会社を取り巻く経営環境にとても大きな影響を受ける。例えば、遼くんの会社でいうと、原油価格が上がればガソリン価格が上がる。このことは君の会社にとって、とても大きな影響を受けるだろう。せっかく利益を増やしていたとしても、あっという間に利益が減り、赤字に陥ってしまうかもしれない。

また、為替の変動、国家経済の情勢、株価の暴落、政治の変化、さらには天災地変など。さまざまなことで、会社の経営は影響を受ける。

これらのことを外部環境という。自分の会社と遠い無関係なことだと思ってはいけない。

これらの外部環境には、同業者、競合に加えて、業界や法律の変化なども含まれる。

この外部環境の影響を受けて、売上が減少したり利益が減少したりすることもあるだろう。このときに、売上を目標にしていると、何としても売上でカバーしようと余計な努力をし、結局、傷口を広げることのほうが多くなる。

これらの動向や情報を知ろうとすることも大事だが、もっと大事なことは、**これらの外部環境の変化を受け入れる**ということだ。

受け入れ、利益の減少を最小限にするための対策を考えることだ。決して、売上を伸ばして取り戻そうとしてはいけないよ。

経営には時機というものがある。その時機をつかまないと、さらに利益とお金をなくし、元に戻れなくなってしまう。

ポイント　受け入れるという意識がなければ適応することはできない

会社は、経営環境の変化に適応していかなければならない。適応するには、受け入れなければ適応することはできない。

この地球上の生物は環境の変化を受け入れ、その環境に適応してきたものだけが今も生きている。会社も同じだ。

【企業は環境に適応することをもって業とする】

だからといって、外部環境に気をとられて、どうしたらいいのかと考えても仕方がない。環境に適応するためには、できないことに心を奪われるのではなく、自分にできることに集中する。

遼くんは、外出先で突然雨に降られたらどうするだろう？

おそらく、慌ててコンビニで傘を買うか。雨宿りできるところを探すだろう。どちらもないときは濡れるしかない。

これが**外部環境の変化を受け入れる**ということだ。

天気予報を調べずに雨に降られたからといって、天に怒っても仕方がない。**起きたことは受け入れるしかない**ということを覚えておいてほしい。

経営者は孤独だ。

これからは、一人で悩むことも多くなると思う。どうしようと困り果てることも出てくるかもしれない。

そのときも、自分にできることだけに気持ちを寄せることだ。自分ができることに全力を注ぐことだ。

自分にできることに集中することこそ、他人との差を埋める近道であり、さらに外部環境に適応するための方法ということを忘れないでほしい』

遼は、櫻田から、経営に関する手法や考え方をいろいろな場を使って、こうして学んでいったのである。

第2章

遼、会社にお金を残す仕組みを理解する

全部原価法、試算表は使用しない。
税金を計算するための資料だからだ。
固定費は配賦せずに、変動費を数量比例で考える。
そうすれば利益がどう増えるかを
つかむことができる。

◉活用する資料が意思決定を狂わせる

「この前の打ち合わせで、得意先別にどれだけお金が残っているかを知りたいって言ったのに。櫻田さん、忘れているみたいだな」

あれから何度か、櫻田からメールがあったのだが、このことについては、何も書かれていなかったのだ。

遼は仕方がないので、自分で調べて作ってみることにした。

「次回の打ち合わせまでに作って、櫻田さんに見てもらおう」

会計士やコンサルタントが書いている本を読んで、ネットで調べ、遼はこのような表を作成することができた。

最初、遼は得意先別の収入と支出の差額でお金の残高を算出して、儲かっているかどうかを把握しようと思っていたが、お金の儲けを各得意先別に出しても意味がないと思い直し、得意先別の利益を出すことにした。

図表9

遼が作成した得意先別の損益表

	得意先A	得意先B	得意先C	全社
売上高	100	80	110	290
運送原価	80	50	70	200
粗利	20	30	40	90
販売管理費	20	15	25	60
共通費	17	14	19	50
利益	▲17	1	▲4	▲20

遼の作ったこの表では、得意先がどれだけ儲かっているかがわからない。それは共通費を得意先に配賦しているからだ。

作成した表を使って、早速、遼は会議でどの得意先で利益が出ており、どの得意先で赤字になっているかを説明し、どうすればいいかをみんなと話し合おうとした。

そのとき、管理職の社員から「社長、この共通費って何ですか?」という質問があった。

遼は、「この共通費は、事務部門の人件費や会社全体にかかっている経費のことです。例えば事務用品やコピー用紙、複合機のリース料、本社建物の減価償却、トイレットペーパーなどの消耗品、お客さんとの会食代などが含まれています。もう少し詳しく言うと…」

遼がここまで言うと、別の社員から、

「俺たちが事務を食べさせてあげているのか。こういう経費を減らさないから、俺たちが汗水垂らして走って稼いでも赤字になっているんじゃないのか。社長さん」

という声が上がった。

遼は、「事務部門がいないと誰が給与計算をするのですか。誰が会社の事務をするのですか。共通費も必要な経費なんですよ」と答えたが、事実、事務部門はお金を稼いでいないと遼自身も思った。

「どう考えれば良いのだろう?」

またしても、会議をうまくまとめることができず、不完全燃焼で会議は終わった。

一雄が遼に言った。

「先生に聞いてみたらどうだ」

◉社長が変われば社員も変わる

遼はすぐに櫻田に電話をし、櫻田の事務所に行って相談することになった。

5日後の午後、遼は櫻田の事務所にいた。

櫻田の事務所に来たのは初めてで、スタッフの対応や事務所の清潔さに驚いた。

「こんにちは。何か相談があるということだね」

櫻田がいつも通りニコニコして会議室に入ってきた。

遼は、思わず、

「櫻田さんの事務所、綺麗ですね。まさか、清掃業者に毎日来てもらっているのですか？」

と尋ねた。

櫻田は笑顔で答えた。

「自分たちで毎週時間をかけて掃除機を掛け、雑巾で机や本棚、イスの脚まで拭いているんだよ。いや、机の上やテーブルの上は毎日だな」

遼は驚いて、その理由を尋ねた。

櫻田はニコニコして話し始めた。

「自分たちのものだからだよ」

「自分のものだと思えば誰でも大事にするだろう。しかし、人のもの、会社のものと思うと大事にしなくなる。こういう話を聞いたことがあるだろうか。自分でトイレを掃除すると、トイレを汚さないように気をつける。町の公衆トイレがあまり綺麗でないのもそういう理由だ。

ポイント　人の意識が変わる瞬間

お客様が来社する場所だけを綺麗にしていてもいけない。お客様から見えない場所も綺麗にする。テーブルも、イスも、本棚も、そして、自分のデスク、電話機、複合機、すべてを綺麗に保つ。「ここはしなくてもいいだろう。これくらいはいいだろう」というのではなく、細かいところ、目立たないところ、すべてを大事に綺麗にする。そうすると、仕事も丁寧になってくる。

割れ窓理論と同じだ。

秋の落ち葉が落ちるときに、いくら掃除してもきりがないのに、神社の境内では掃除をしている人がいる。

掃除は汚れてからするものではない。汚れないためにする。

そして、汚れる前に掃除をし、汚れる前に掃除をするということを繰り返すと、汚れないようにしよう、綺麗にしたいという気持ちが当たり前になってくる。人の意識が変わる瞬間だ。

それと、もう一つ。うちの会社は経営コンサルタントの会社だ。うちの会社の本当の商品は何かわかるかな？」

「コンサルタントだから、コンサルティングですか」

「そうだ。その通りだ。しかし、うちのコンサルティングが、いくら評判が良いと言われても、そのコンサルティングは受けてみないとわからない。

カタチがないから見えないということだ。

だから私は、社員にいつもこう言っている。カタチあるもの、観葉植物、ドア、会議テーブル、イス、書類、メール、うちの会社にあるもの、そして、うちから発信されるもの、すべてが商品なんだ。コンサルティングだけが商品ではない。

商品には品質というものがあるね。ということは、私たちは人を指導する会社である以上、誰からも最高だと思われ、感じられることが必要なんだ。

最高品質のものを提供する努力を惜しんではならない。

だから、イスの脚やドアノブまで拭いているんだよ」

遼は、心底驚いた。

そして、「経営に対する姿勢も普段の生活の姿勢も同じでなければならないし、どちらかだけよくすることはできないんだ」ということに気がついた。

そうして、少し前に櫻田のノートに書いてあった言葉を思い出した。

「凡事徹底」
「曖昧排除」

自分の会社は雑然としていて整理整頓されていない。また、この事務所に来たときの女性の応対と自分の会社の応対を比べると恥ずかしい。

ポイント 一事が万事。そして、小事が大事

経営というものは、利益を伸ばしお金をたくさん持っている人が、経営で成功したというのではない。優れた人が成功するのでもない。

経営は、利益が出ているということだけではない。心を磨き、人格を高めた人が行う経営こそを本物の経営という。

「薄っぺらい経営をしてはいけないよ。お金に使われてもいけない。

遼くんは今から必死で利益を積み増し、お金を積み増していかなければいけない。しかし、今のこのときから、心を磨き、心を高めるということを忘れてはいけない」と櫻田は言いたかったのである。

会社の会議で何を言っても素直に言うことを聞かない社員に辟易していた逕は、「一事が万事。小事が大事なんだ。諦めてはいけない。社員を変える前に自分から変わらないと」と思った。

◉全部原価法で作成された損益表を使わない

「ところで、今日は何の相談だったのかな?」

逕は、先日の会議での出来事を話し、自分が作成した得意先別損益表を櫻田に見せた。

「ほう、よく作ったね。誰かに聞いたか、何かの本で勉強したのかな?」

櫻田の質問に、逕はこう答えた。

「はい。書店に行って、管理会計の本を何冊か買って、それとネットで税理士やコンサルタントが書いている記事を読んで勉強しました」

「その行動は素晴らしい。ただ、世の中でよく言われている得意先別損益や商品別損益の考え方は、経営には役に立たない。会計の専門家やコンサルタントが会計にこだわるあまりに大きな間違いを犯しているんだ」

遼は「えっ？」という顔で櫻田を見た。


「一つ質問をしていいかな？」

「この運送原価というものには何が含まれている？」

「ドライバーの人件費と外注費、運送でかかっている高速代、燃料費、修繕費、消耗品などです」

櫻田の顔が少し曇った顔になりながらも、わかりやすく話をしようとしているのが遼にはわかった。

「得意先別や商品別など、何らかの視点でセグメントした利益をみる場合は、**全部原価法で作成された損益表を使ってはいけない**。それは、利益を正しくみることができないからだ。

仮に、遼くんの会社にインタンク※があるとした場合、インタンクにあるガソリンなどの燃料が在庫として計上されることになる。本来は、使った分だけが経費算入されるのに、購入したが使っていない燃料を在庫として計上することで、売上総利益がこの在庫を加味した利益になり、本当は利益が少ないのにこの在庫計上分で黒字になってしまうことだってあり得る」

なぜ、こういう利益の計算をする考え方があるのか。

ポイント　それは税金を計算するため

全部原価法は税金を計算するための計算書であり、実は経営には適していない。さらに、税法や償却の算出方法が変わることで利益が変わってしまう。これで計算された利益を信用するわけにはいかない。

全部原価法の原価には固定費が含まれていることから、また、損益分岐点比率を使った経営目標の設定や会社の改善課題を見つけることができない。

インタンク
自社の敷地内にミニガソリンスタンドを作ること。

コラム2　黒字化再建への押さえ処

全部原価と直接原価

このコラムでは製造業を想定して説明をするが、本書のように運送業など原価に経費が含まれる業種はすべて同じだ。

「全部原価」を「フルコスト」、これに対して「直接原価」を「ダイレクトコスト」とも言う。

一言で言うと、この二つの違いは、製造にかかる経費（＝間接費）を原価に含めるか、含めないかということだ。

製造間接費を原価に含めると、生産量が多くなればなるほど、製品 1 個あたりが負担する製造間接費は少なくなり、結果、原価は下がる。この**全部原価では、売れても売れなくても多く生産すれば原価は下がり、在庫は増加し、利益が増える**ことになる。

一方、直接原価は、材料や外注などの直接製品を生産するのにかかった費用だけを原価として捉えている。**製品は売れてはじめて利益が出ると考え、作るだけでは利益が出ないと考えているのが直接原価**である。

利益を増やすためにどうすれば良いかという答えを導き出すための方法としては、直接原価が全部原価よりも優れている。しかし、直接原価は完璧ではない。直接原価では経営の意志決定や利益を増やすための方法が見つけられない会社や業種が多くある。

販売数量に比例するものだけを変動費として活用するのが最も役に立つ。

ポイント **損益計算書の考え方の危険性**

さらに損益計算書の考え方は、売上から原価を引き、販売管理費を引いて営業利益を算出し、営業外収支を加味して経常利益を算出する。

要は、引き算だけで利益を算出している。こういう資料を使うと、最後の利益を増やすには、「表のいちばん上にある売上を増やすか」「引き算の対象となっている原価を減らすか」「固定費を減らす」しかない。

「このような考え方では、本当に利益を増やす方法を見つけられないんだよ。君の兄の武志くんも同じ間違いをして売上を大きく伸ばしたが、利益は減るという最悪の結果を招いてしまった。遼くんは同じ間違いをしてはいけない。

その間違いとは、活用する資料を誤ったということだ。**活用する資料によって、導き出される答えが変わる**ということを知っておいてほしい。

意思決定、判断、分析、共有。どれも使う資料を間違えば、意思決定も判断も分析結果も、すべて間違った方針や結果を導き出してしまう。

図表9（再掲）

遼が作成した得意先別の損益表

	得意先A	得意先B	得意先C	全社
売上高	100	80	110	290
運送原価	80	50	70	200
粗利	20	30	40	90
販売管理費	20	15	25	60
共通費	17	14	19	50
利益	▲17	1	▲4	▲20

遼の作ったこの表では、得意先がどれだけ儲かっているかがわからない。それは共通費を得意先に配賦しているからだ。

わかったね？

経営で使う資料は、数量比例の科目だけを変動費として計算している損益計算書を使いなさい」

櫻田には、二度とあのようなことがあってはならないという思いがあった。

◉利益を正しくつかむ

「数量比例で計算されている計算書？」

遼は、よくわかっていないという顔をした。それを見た櫻田は、

「この前に話をした変動費を使った損益計算書だ。

売上から数量比例している費用、変動費のことだね。この変動費を引いて、限界利益を出し、数量比例以外の費用、これを固定費というが、この固定費を引いたものが営業利益になる」

さらに櫻田は続けた。

「共通費は必要なのだろうか？」

遼は、

「共通費を費用に入れないと事務部門や会社全体にかかっている経費を負担していないことになり、利益が正しく算出されないと思います」

「それに、試算表の利益と一致しないからおかしいと思います」

櫻田は、

「さっき話をしたばかりだ。試算表の計算の仕方は経営には使えないんだよ」

「また、試算表の利益と一致する必要性はあるのだろうか？」

遼は、考え込んだ。

「試算表や決算書の利益と一致しなければ正しい利益と言えないのではないのか」

櫻田の顔がいつものニコニコした顔に戻っていた。

コラム3 黒字化再建への押さえ処

試算表のウソ？

試算表がウソだと言うと、会計の専門家から叱られるかもしれない。

しかし、会計の専門家のなかでも経営のアドバイスをしようとする人ほど、試算表では指導できないことを感じているはずだ。

「試算表の数値がウソだ」と言っているのではない。

ただ、試算表の損益計算書で算出される利益は本当かどうかわからないということを言いたいのだ。

全部原価法（フルコスト）とも関連するが、全部原価を基に計算される利益には在庫が加味されている。

経営者にとって必要な情報は、本当に儲かっているのかどうかがわかる情報であることと、そのためにどうすればいいかを考えることができる情報であることだ。

この点からいうと、在庫を加味した試算表の利益はウソと言える。儲かっていないのに、儲かっていることになってしまう。

意思決定や判断に必要な正しい情報がない会社は不幸だ。

これで経営がうまくいくはずがない。

櫻田は言う。

「私のクライアントで20数年間、税引後利益を出し続けている会社がある。その会社が他の会社と最も違う点は何だろうかと調べたところ、意思決定をするための資料には全部原価を使わずに変動費と限界利益で作成された資料を使い、管理している指標はただ一つ。限界利益だったんだ」

ポイント 試算表の利益は、税金を計算するための利益

櫻田の話はこうだ。

「試算表の利益は、税金を計算するための利益だ。経営には何の意味もない。だから、試算表の利益と一致させたところで大した意味はない。一致するのが大事なのではなく、得意先別に儲かっているのか、いないのかを知るための損益計算のはずだ。さっきも言ったように税金を計算するためのルールに則った数値資料には経営を成長させるための方法を見つけることができない。

在庫が加味され、売上には単価と数量という重要な要素があるにも関わらず、それが無視されている資料では、利益を増やす方法はさっき話をした三つしか見つけることはできない。

①売上を伸ばす
②原価を減らす
③固定費を減らす

原価の中に数量比例と比例しないものが入り交じっているから、経営に必要な情報が何もわからないのだ。

図表**10**

この変動PLは共通費を考慮していないことで得意先別利益はわかるが…

株式会社X　得意先別PL　【○月度】

単位：千円

得意先名	全社合計	A社	C社	D社	F社	G社	H社	I社
【売上高】	35,473	7,220	6,389	7,482	6,770	4,009	2,947	656
売上高	33,664	5,560	6,389	7,356	6,770	3,986	2,947	656
他	1,809	1,660	0	126	0	23	0	0
【変動費】	3,064	829	246	781	314	436	268	190
高速代	978	314	104	180	102	147	52	79
燃料費	2,086	515	142	601	212	289	216	111
【限界利益】	32,409	6,391	6,143	6,701	6,456	3,573	2,679	466
【固定費１】	26,804	6,049	4,186	5,569	1,595	6,487	2,146	772
給料手当	14,238	4,197	1,567	3,340	964	2,626	1,100	444
法定福利費	1,815	497	174	466	81	360	167	70
福利厚生費	62	10	7	10	10	16	3	6
※人材派遣料	976	0	0	545	431	0	0	0
外注費	5,159	0	1,781	0	0	2,796	582	0
車両修繕費	669	80	7	104	0	478	0	0
修繕費	864	324	88	298	53	29	47	25
減価償却費	1,300	300	450	200	0	0	150	200
リース料	460	210	0	222	0	15	13	0
自動車保険	281	88	25	77	14	42	26	9
通信費	33	10	4	8	2	5	3	1
自賠責保険料	60	26	5	18	5	0	3	3
重量税	73	27	8	26	3	0	5	4
駐車場賃借料	814	280	70	255	32	120	47	10
【差引利益】	5,605	342	1,957	1,132	4,861	-2,914	533	-306

得意先名	全社合計
固定費２	4,539
人件費	2,317
販売員給与	1,587
役員報酬	551
雑給	0
賞与	0
法定福利費	169
厚生費	10
退職金	0
販売管理費	2222
旅費交通費	60
募集費	0
リース料	32
諸会費	114
中退金掛金	65
雑費	150
【営業利益】	1,066
支払利息	670
元本返済	220
【経常利益】	176

共通費を配賦していない表。この表で儲かっているかどうかはわかるが、どうすれば利益が増えるかはこの表では全くわからない。この表では役に立たない。

しかし、費用を、数量比例している変動費と比例していない固定費に分けることで、経営に多くの情報を与えてくれる表に突然変化する。

「ちょうど、別のクライアントの表（前ページ）があるから見てみなさい」

そう言って、櫻田は、遼と同じ運送業の会社の資料を遼に見せた。

「まだまだ改良の余地はあるが。得意先別の利益を正しく見ることができるようになっている。得意先別の合計利益から全社にかかっている経費を引いて、営業利益を算出しているだろう」

「共通費を割り振っていないですね」

「しかし、単価と数量がこの表にはない。だから、この表だけでは、得意先別の利益をつかむことはできるが、どうすればいいかという方法を考えるのにはまだまだ不十分な表だ」

こう言って、櫻田がノートに手書きで表を書き始めた。

図表11

数量に比例する変動費を使って得意先別限界利益を算出した表

（千円）

	1ルートあたり						全ルート						
	売上	変動費			限界利益	ルート数	売上	変動費			限界利益	固定費	営業利益
		高速代	燃料費	計				高速代	燃料費	計			
全社合計	78	2	5	7	71	425	33,150	850	2,125	2,975	30,175	28,800	1,375
A社	80	5	7	12	68	70	5,600	350	490	840	4,760	4,800	-40
C社	95	2	2	4	91	67	6,365	134	134	268	6,097	4,800	1,297
D社	120	3	10	13	107	61	7,320	183	610	793	6,527	4,800	1,727
F社	80	1	3	4	76	85	6,800	85	255	340	6,460	4,800	1,660
G社	45	2	3	5	40	89	4,005	178	267	445	3,560	4,800	-1,240
H社	55	1	4	5	50	54	2,970	54	216	270	2,700	4,800	-2,100

固定費を配賦せず、変動費を数量比例で作成した表。この表があれば、どうすれば利益が増えるかが考えられる。

ポイント　図表11はおすすめの表

この表は、得意先別の一ルートあたりの単価と変動費（製造業の場合は一製品あたり、卸や小売の場合は一商品あたりとなる）、それにその得意先でどれだけの仕事をしているかを数量として表し、得意先別の損益を計算している。

得意先別の利益やその利益を生み出すための情報が網羅されていることから、得意先別の利益を正しく把握するだけでなく、利益に至るプロセスがわかるので、利益を増やすためには、どうすればいいかを考えることができる。

シンプルだが役に立つ表だ。

得意先別の利益を正しく把握するには、共通費は配賦しないことが大事だが、どうしても配賦したいのであれば、売上費や人数費ではなく、一律がベターだろう。

配賦しないのが正しい利益であることは、いまさら言うまでもないことだが。

利益を増やすために必要な情報は、「一商品あたり販売単価」「一商品あたり変動費」「一商品あたり限界利益」「販売数量」の4つだ。これらの要素を使って、得意先別や商品別など限界利益を算出し、利益を増やす方法を考えてみてほしい。

◉値決めが利益を決める

「櫻田さん、外注費は数量に比例しないのですか」

逵は疑問に思った。ほとんどの管理会計の専門家は、外注費は変動費だと言っているのに、外注費が変動費に含まれていなかったからだ。

櫻田はいつもの笑顔で答えた。

「外注費は売上に比例することもあるが、数量に比例するとは限らない。外注に仕事を出すかどうかは、数量ではなく、人が決めているんだ。意思決定の結果で決まっている費用だ。

外注に仕事を出すときに気をつけなければいけないことがある。

外注に出すかどうかを数値で判断するのは、それほど難しいことではない。

外注に出した場合と出さない場合の増加経費と減少経費を算出し、それぞれの限界利益を比較すればいい」

遼は頷きながら、櫻田の話を聞いていた。

「もっと大事なことがある。外注に仕事を出すときの単価だ。外注に仕事をしてもらうための金額とこちら側も利益を出すための金額をどう決めるかがもっと重要だ。

原価計算をして決める方法もあるが、原価計算そのものがとても難しく、その難しい方法を使って計算しているにもかかわらず、結果、それでも利益を出すことができていない会社が多くあるのも事実だ。

経営で行うことは、科学的で、論理的で、かつ再現性がなければならない」

ポイント　外注に出す単価をどのようにして決めるか

外注に出す単価は、お客さんから仕事を受けるとき、あるいは、商品を販売するときの値決めと同じくらい大事である。そして、この**【値決め】こそが利益を生み出す源になる。**

いくら、販売数量が多くてもその単価が低ければ利益はそれほど生み出せない。

また単価が高すぎると数量が少なくなってしまう。

間違ってはいけないのは、単価が低ければ数量が増えるというものではないということ。そのうえ、一度決まった価格、単価は、簡単に変えるということができない。

値決めは、その仕事や商品の価値を正確に判断し、その仕事一あたり（商品一個あたり）の単価と、その仕事の数量（商品の販売数量）の積が最大値になる一点を求めることであり、その一点は、こちら側と先方（得意先や外注先）が喜んで取引をする最高の価格にしなければならない。

売上＝単価×数量×頻度

この式において、単価を誤ると、数量と頻度にまでも大きな影響を与え、利益をなくす。外注に仕事を出す場合、このような検討を経て、外注にいくらで仕事を出すのかを決定する。

これは、会社の意思決定の結果であって、数量に比例して変化しているわけではない。

「そうか。数量…ルート数、仕事数。変動費というのはこういうものに比例するのか。そして、外注費は固定費であり、固定費は意思決定や判断の結果で決まるんだ。得意先からの受注単価も、櫻田さんの言う値決めの考え方ですぐに見直そう」

遼は、少しずつ、知識が自分の経営者としての力を高めていることを感じていた。

「櫻田さん、もう一つあるんです。先日の会議の時に…」と遼が言いかけたところで、櫻田が口を挟んだ。

「会長から聞いているよ」

「自分が稼いでいる、食わせてやっているという話のことだね」

一雄は、遼のことが心配で、遼が行く前に先に櫻田に連絡をしていたのだ。

◉会社の利益は誰が稼いでいるのか

「共通費で損益（利益）を算出している会社の社員のほぼ全員が口に出していないだけで思っていることだ。これでは、組織のベクトルが合っているとは言えないうえに、組織の力が出てこない。
説明するから、よく聞きなさい」

こう言って櫻田は、いつものようにニコニコしながら、話を始めた。

「このことには二つの重要なことがある。

一つは、利益を最大にするための組織をどう作るかということだ。

例えば、トラックの運転、得意先との打ち合わせ、得意先への請求書の作成、自分が使った高速代や燃料費の精算、他の経費の請求書の確認と支払、給与計算など、すべての仕事を一人でする場合と、10人のドライバー、配車担当1人、事務1人で、仕事を役割分担で進める組織の場合とを比べて、どちらが一人あたり数量、この場合は、一人あたりルート数が多くなるだろう？

売上で比べると人数の多いほうに決まっている。だから、売上ではなく、一人あたり限界利益や一人あたりルート数で比較するのがいいが、変動費もわからない今は、数量で答えを導くしかない。

逵くんは、どう思う？」

遼は、目を閉じて考えた。そうして、

「10人で役割分担をして仕事をするほうが、一人あたりルート数は多くなると思います。なぜなら、同じ労働時間だとすると、一人で行う場合は、事務などをする時間が必要になるため、ドライバーとしての運転する時間が少なくなりルート件数が少なくなってしまうからです」

櫻田は、笑顔で頷きながら、

「そうだ。答えとしてはあまり論理的な説明ではなかったね。経営は、科学的にかつ論理的に考えなければいけない。さらに、検討された方法は、再現性があってこそ、その方法はうまくいくんだ」

ポイント　売上は、単価×数量×頻度

遼の話の中の一人あたりルート数は会社全体でいえば、ルート数（配送件数）のこと。得意先別の売上は、一配送あたりの単価×配送件数で計算される。

この配送件数を最大にするためには、どういう組織がいいのかがポイント。

一人完結型と組織力型それぞれで、一つひとつの仕事にかかる時間を測定し、それを同じ労働時間に割り振ったときに、どちらが多く仕事ができるかを計算すると、その答えは、一人完結型の組織では限界があるということだ。

役割分担型の組織では、役割分担することで、その限界点をみんなの力で大きくすることができる。ドライバーが最大の配送件数ができるよう、それを支援する人たちがいる。ドライバーもそういう周りの人たちがいるから、最大の件数の仕事ができる。

会社経営が、よくサッカーや野球に例えられるのはこれが理由だ。

誰かが稼いでいて、誰かは稼いでいないということではない。

「会社には、心を込めておいしいお茶をいれてくれる社員、営業で得意先を走り回る社員、現場で汗をかき製品を作る社員、パソコンとにらめっこをして書類を作る社員、経理をしてくれる社員、それぞれの社員がいるから、みんなで価値を生み出し、それを提供し、売上を上げることができるんだ。

大事なことは、**誰かが稼いで誰かが稼いでいないということではない**んだ。

そして、**仕事には価値の優劣はない。すべての仕事に同じ価値があり、社員一人あたりの仕事の総力でさらに高い価値を生み出している**ということだよ。これは決して、机上の考えではなく、数値的にもこのように考えないといけない」

と言って、櫻田はアイスコーヒーを一口飲んだ。

「そうか、仕事には、大事な仕事、大事でない仕事。こういう区分けは会社には存在しないんだ。すべて大事で、すべての仕事に価値があるんだ」

遼は、経営の奥深さと面白さを感じていた。自ら望んだことではないとはいえ、経営者になったことをとても嬉しく思っていた。

櫻田はいつものノートに図（次ページ）を書きながら、話し始めた。

図表 12

製造業では、このようなビジネスプロセスで業務が行われている

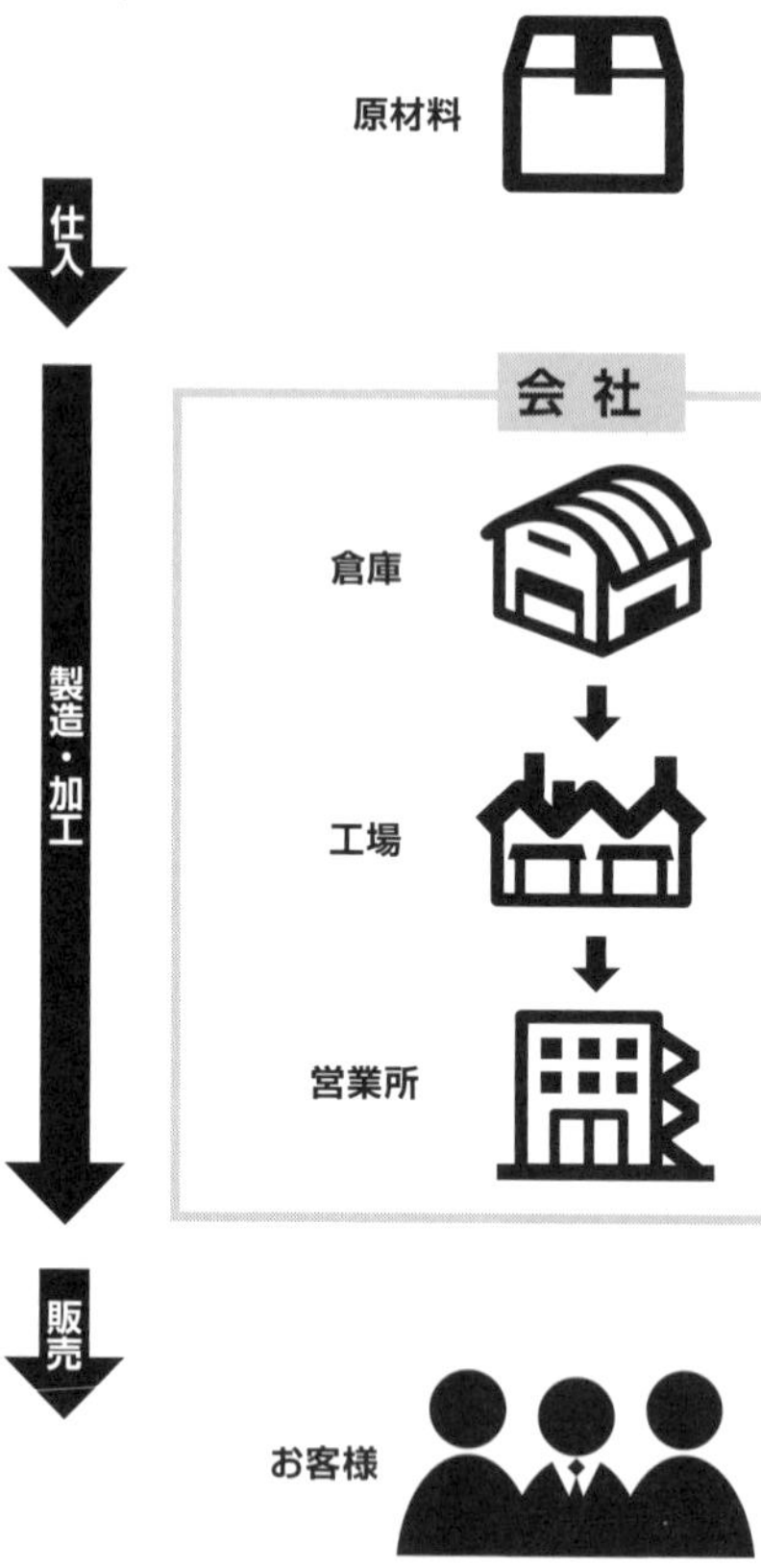

このようなプロセスで会社は動いているが、これらのプロセスには必要なことでも、このプロセスの中にある一つひとつの業務にはムダな業務もあり、そのムダな業務にもコストがかかっているんだ。

◉商品価値はどこでできているのか

「二つ目の重要なことは、商品の価値はどこでできているのか。この図は製造業のビジネスの流れを表している。製造業の図を書いたが、読み替えて聞いてほしい」

ポイント **皆、自分の部門で価値を生んでいると思っている**

工場では、材料を仕入れ、製品を作る。この時点で、製造部門は価値を生み出したと思っている。営業は、得意先から注文を取り、製品を納入する手配をし、納品し、価値を生み出したと思っている。

事務は、材料が納入されてから納品に至るまでの業務を伝票に起票し、現物と机上とを照合し、差異が生じないよう管理し、価値を生み出している。

そうして、納品後、納品控えや検収に基づき請求書が発行され、入金の確認を行い、また仕入れた材料や購入物品などの支払、給与計算が行われている。

「このようなビジネスプロセスにおいて、本当の価値を生み出しているのは、どこの部門・部署だろう？」

遼は正直に「わかりません」と答えた。

櫻田は続けた。

「価値は、得意先に届いたときに生まれる。製造でも営業でも事務でもどこでもない。**価値は、顧客に届いた瞬間に生まれる**んだ。

製造は作っているから価値を生んでいる。営業は受注を取り販売しているから、価値を生んでいる。事務は、自分たちは顧客とも接してない、製品も作ってないから、価値を生んでいないと思っている。

どれも間違いだ。

どのような会社も、その会社のすべてのビジネスプロセスがあって価値を生んでいる。

一つでも欠けた時点で価値を生むことはできない。

これが、君の会社の会議で話がまとまらなかったことに対する答えだ」

遼は、明日にでも社員を集めて、みんなにこの話をし、みんなの意見を聞いてみたいと思っていた。

櫻田が言った。

「最後にもう一つ」

この「もう一つ」は、櫻田の口癖だったということを遼は初めて気づいた。

「だからといって、現状のままのプロセスでいいということではない。

すべてのビジネスプロセスにはコストがかかっている。そして、そのプロセスは必要なプロセスであったとしても、そのプロセスの中の仕事にはムダがあるかもわからない。

製造というプロセスは社内で作ろうが、外注で作ろうが必ず必要なものだが、その製造というプロセスの中の業務には価値を生まない業務もあるかもしれない。その価値を生まない業務にもコストはかかっている。**プロセスには必要なことでも、その中の業務にはムダなことがたくさんある**ということだ。

こういうことは、会計の数値からはわからない。数値は大事だが、数値に頼り切ってはいけないんだ。特に、**会計は不完全なものだと思って活用する**ことだ」

遼は櫻田の話を聞いて合点がいった。

ポイント　勘定科目の数値をいくら眺めても何をすれば良いかはわからない

勘定科目を見て削減をしようと考えても、なかなか削減できるところが見つからないのは、会計でビジネスプロセスの情報までを把握することができなかったからだ。

会社のビジネスプロセスを明確にし、そのプロセスでどういう業務があるのかを調べ、その業務が必要なのか、止めることができないのか、代替できないのかを検討することが重要なことで、科目だけを眺めていても何も発見できない。

◉手間がかかっても一つひとつ仕事の棚卸しをする

遼は、経費削減と業務の改善は、別のものではなく、一体のことだったんだと、このときに初めて知ることができた。

櫻田はドラッカーのある言葉を口にした。

ポイント **ドラッカーの言葉**

「第一に、**業績の90％が業績上位の10％からもたらされるのに対し、コストの90％は、業績を生まない90％から発生する。**業績とコストは関係ない。**すなわち業績は利益と比例し、コストは作業の量と比例する。**

第二に、**資源と活動のほとんどは、業績にはほとんど貢献しない90％の作業に使われる。すなわち資源と活動は、業績に応じてではなく作業の量に応じて割り当てられる。**その結果、高度に訓練された社員など最も高価で生産的な資源が、最も誤って配置される。

（中略）

第三に、利益の流れとコストの流れは同量ではない。経理の帳簿や経営者の頭の中では、利益とコストは循環しているが、現実は違う。確かに、利益はコストを賄う。しかし、**利益を生み出す活動に意識的に力を入れないならば、コストは何も生まない活動、単に多忙な活動に向かっていく。資源や業績と同じように活動やコストも拡散する**」

（『創造する経営者』）

※引用文内の強調は著者によるもの

遼は、櫻田からこの言葉を聞いてからずっと考えていた。

「ぼくの会社で言うと、利益を上げる仕事はもちろん、ドライバーが得意先からの依頼で荷物を運ぶ仕事だ。しかし、その仕事にも実際に運転している時間と運転をしていない時間がある。また、業績につながらない仕事がコストの90%を生んでいるというが、その中でも価値を生んでいる仕事もある。

業績に直接つながっていないからといって、不要だと言うのではなく、一つひとつの仕事を棚卸ししないといけない」

ポイント　棚卸しでの留意点

その仕事は

- **何をしているか**（内容）
- **何のためにやっているか**（目的）

そして、その仕事の

- **ゴールは何か**（その仕事はどういう状態になれば終わりなのか）

コラム4　黒字化再建への押さえ処

経費削減の方法

経費の削減は、誰でもできる唯一の改善手法だ。以前に、櫻田は遼にこういう話をしたことがある。

「よほど無駄遣いの多い会社や人が多い会社では経費削減も効果があるだろう。しかし、ごく普通の会社で経費削減をすることで黒字になり成長していった会社を見たことがない。組織に危機感を与えるために経費削減を行う会社があることも知っている。

経費削減で大きな成果を出し成長していった会社は、経費削減を目的としたのではなく、業務改善を目的として取り組むなかで、そのシナジーとして大幅な経費削減が行われている」

経費削減につながる業務の改善の最初の取り組みは、たった一つ。

「この業務は本当に必要なのか」

「この資料は本当に必要なのか」

コストと業務は一体だ。

業務をやめれば、そのコストはゼロになる。

最小のコストで最大の成果を生み出せば、利益は莫大だ。

最小の業務は最小のコストになる。

会社の業務が最小の業務になるためにも、一つひとつの業務が本当に必要かどうかを明確にしてほしい。

このことを櫻田は「仕事の棚卸し」と呼んでいる。

を明確にして、「仕事をやめる」ことを考えてみよう。

確かに、会社で何の疑問もなく毎日やっている一人ひとりの仕事を思い出すと、**一つの仕事のために、また、別の仕事が生まれ、その仕事が当たり前のように日常に定着してしまっている。**

仕事が仕事を生み、その仕事や作業のすべてにコストがかかっている。そのコストは、お金というコストだけでなく、時間というコストも使われている。

そして、これらのコストは、仕事量の多い仕事や時間のかかる仕事で使われている。この事実を共有するのに時間はかかるかもしれないが、今、やっておかないと、結局、売上で利益を生み出すという間違った考え方の経営に戻ってしまう。

遼は、櫻田を真似して、自分のノートにやろうと思うことを書き出していたが、それに追加した。

- コストの90％は、業績を生まない90％から発生する。
- コストは作業の量と比例する。
- 会社の資産、時間、利益は、業績にはほとんど貢献しない90％の作業に使われ、作業の量に応じて割り当てられる。

◉売上よりも大事なモノ

売上がいちばん大事でないことは、遼は櫻田から教えてもらっていた。しかし、心のどこかで、やはり売上がないと利益が増えないのではないかと思っていた。

その気持ちを見透かしたように櫻田が遼に言った。

「遼くんは、会社が危機に陥るということがどういうことかわかってないだろう。守秘義務があるから会社が特定できる情報については話ができないが、会社は危機に簡単に陥るということを教えてあげよう」

こう言って、あるアパレルメーカーの資料を遼に見せた。

図表13

アパレルメーカーを指導したコンサルタントのミスとそこから復活した会社の推移

※本表は月平均の数値を示したもの
（販売枚数以外　単位：千円）

		一商品あたり				全　体				
		売上	変動費	限界利益	販売枚数（枚）	売上	変動費	限界利益	固定費	営業利益
	以前	6	4.2	1.8	30,000	180,000	126,000	54,000	49,000	5,000
コンサルタントが描いた計画	競合が攻勢をかけてきた	6	4.2	1.8	27,000	162,000	113,400	48,600	49,000	▲400
コンサルタントが描いた計画	売上が10%下がっても、変動費率は変わらないのだから、固定費削減との相乗効果で黒字を狙う	5.4	3.78	1.62	27,000	145,800	102,060	43,740	42,000	1,740
結果	赤字増大	5.4	4.2	1.2	27,000	145,800	113,400	32,400	42,000	▲9,600
	改善後	5.8	4.2	1.6	27,000	156,600	113,400	43,200	42,000	1,200
	営業利益±0の時の販売枚数は？	5.4	4.2	1.2	35,000	189,000	147,000	42,000	42,000	0

変動費を知らない人が行うとこういう結果になってしまう。売上の中身、変動費の計算、そして限界利益と固定費の関係がわかっていれば、必ず赤字から脱出できる。

ポイント 理屈だけの管理会計しか知らなかったコンサルタント

この会社は、競合企業が得意先に営業攻勢をかけたことで売上が下がってしまい、営業赤字になってしまった。

そこで、社長は、ある事業再生コンサルタントに相談をしたところ、このようにアドバイスされた。

- 売上が減少したことによって、営業利益が減少している。
- 売上拡大が急務だが、会社を取り巻く環境からそう簡単ではない。
- そのためには、単価を下げてでも受注を獲得することが重要だ。
- 単価を下げても販売枚数を確保できれば、売上の減少は最小限に食い止めることができる。
- 人件費を含む固定費の削減にも取り組まなければならない。
- 単価を下げてでも売上が確保できれば、変動費率は変わらないのだから、固定費削減との相乗効果で営業利益を黒字にすることができる。
- あとは、さらに販売枚数を増やす取り組みを続けていけば、さらに利益を増やしていける。

図表13（112ページ）にあるように、そのコンサルタントは、利益が月40万円の赤字から月174万円の黒字になると説明。社長はこのコンサルタントに指導を依頼し、すぐに営業会議を開き、次のシーズンは単価を少しくらい下げてでも販売枚数を確保するよう指示をした。

また、コンサルタントの指導の下、

- 役員報酬の大幅削減、幹部社員の給与の5％カット
- 会議費、交際費の削減
- 旅費交通費の削減
- コピー枚数、カラーコピーの削減

などにも取り組んだ。

その後、この会社の数値はどうなったか。

表を見てもらえばわかるように、なんと960万円の赤字になり、黒字になるどころか赤字が膨らんでしまったのだ。

資金繰りのために定期預金を解約し、金融機関には返済額の減額を要請する事態になった。

コンサルタントは、この結果にこう言った。

• 販売単価も、販売枚数も当初の計画通りで、それなりの結果を出せた。
• しかし、変動費が下がる計画であったのに対し、変動費を下げきれなかった。
　これが赤字が増大した原因だ。
• 今後は、変動費を下げるために、生産を委託している先を見直す、サンプルを減らす、在庫を減らすことで変動費を下げなければならない。

このコンサルタントのミスは、売上高に変動費率を乗じて限界利益を計算したことだ。この結果、限界利益が多く計算され、本当は当初から黒字になるのではなく、赤字になる計画だったのがわからなかった。

変動費は数量に比例するというたったこれだけのことを知らなかったばかりに。単価を下げて数量は維持したことで、一商品あたりの変動費は何も変わらず、単価を下げた分、限界利益が減少したのだ。

このあと、コンサルタントとの契約を解除し、改めて、このアパレルメーカーは黒字化を目指した。

元々の赤字要因は、販売単価は変わらなかったが、数量が減少したことで変動費も下がったが、限界利益が減少し、その限界利益で固定費を賄えなかったからだ。

そこで、この会社がこのあと取り組んだことは、

・もう一度、下げた単価を少しでも元に戻す取り組みを営業が行う。
・このことで、一商品あたりの限界利益の増加を図る。
・さらに固定費を削減したこともあり、損益分岐点が下がり、黒字化の目途が見えてくる。

ということだった。

そうして、その結果、月120万円の黒字化に成功し、その翌年には、幹部社員の給与を元に戻し、金融機関に対しては、返済額の減額要請を止め、再度、借り入れを巻きなおし、金融機関との取引も正常化することができた。

◉判断のミスを起こす三つの理由

櫻田は言った。

「会社というのは、いとも簡単に窮地に陥ってしまう。そうして、その原因の多くが判断のミスだ。なぜ、判断ミスをしてしまうのか。その理由には三つある。

一つは、**経営に必要な正しい知識が不足している**ということ。

二つ目は、正しい知識に基づく、意思決定や判断のための**正しい資料が作られていないことだ**。

経営者が経営する力を持たざるして売上を伸ばすことに全力を注いでも、それは徒労に終わる。経営者は常に知識を修得する努力を惜しんではならないんだ。

三つ目は、経営者が**売上第一主義ではなく、限界利益第一主義**であれば、ことの次第は変わっていた可能性がある。

もし、限界利益を最重要視する経営をしていれば、変動費が数量比例であることに気がついたかもしれない。そうすれば、コンサルタントが示した数値が間違っていることに気がつくことができた。

売上至上主義、売上第一主義は、本来気がつくことさえも見えなくしてしまうのかもしれない」

コラム5　黒字化再建への押さえ処

変動費は「売上」に比例するものではない

会計本、インターネットなど、さまざまなところで、変動費を調べてみると、売上に応じて変動する費用という説明が多く見られる。

「売上に比例する･･･」

「そうか売上に比例するのか」

あまり考えずにこう思ってしまう人もいるかもしれないが、さて、売上高に比例するというのはどういうことなのか。

よく変動費だといわれる材料費、外注費、消耗品、販促費などの費用は本当に売上の増減に比例するのだろうか。

売上が増加したときにこれらの費用も増加することもあるが、売上が減少したときにも比例して減少するのだろうか。

著者の経験では、いろいろなケースを考えてみても、常に売上の減少に比例するとは言えない。また、売上は「単価 × 数量 × 頻度」の３つの要素で構成されているにもかかわらず、「売上」という大きな括りでみることにも違和感がある。

この変動費をどう捉えるかで、意志決定の結果に大きな影響を与える。

このことは、すでにアパレルメーカーの事例（112 ～ 116 ページ）で十分理解してもらえたと思う。

「利益を増やすためにどうすればいいか」という戦略的思考では、**「変動費」は数量に比例すると考えるのが最も妥当だ。**

第3章

遼、奮闘し超黒字企業にする

ついに業績が上向いてきた遼の会社。
得意先別に見直し、
赤字になっていた最古客との取引を停止。
限界利益を「見える化」し、
税金を経費としてとらえ、現預金を第一にする。
お金だけではなく社員、
社会との関係も学ぶ。

◉赤字となっていた最古客との取引をやめる

櫻田は、先日の一雄の、

「最も古い得意先との交渉がうまく進んでいない」

という言葉が気になっていた。

この会社の売上は、遼の会社に取引が変わってからは、武志の会社のときよりも売上が下がり、影響度は低くなっていた。

しかし、得意先の中で最も大きな赤字を計上しており、この会社との取引を見直さない限りは、遼の会社が大きな利益を生むことはできないのは明白だったからだ。

元々は、一雄が事業をやっていた時代にこの会社との取引が始まり、それ以降、長きにわたって取引が続いてきたのである。

しかし、そこには馴れ合いという言葉通り、運賃単価もこの得意先の言うなりで、突然の配送も日常茶飯事であった。

一雄が運賃単価の見直し、請け負っているルートの見直しを何度交渉しても一向に進まず、逆に、

「どれだけ仕事を出して、儲けさせてやっているのかわかっているのか」

と言われる状況だった。

一雄ではなかなか話が進まないことから、遼は、櫻田に教えてもらった得意先別、配送ルート別の限界利益表を作成し、それを使って交渉することにした。

「これが、御社の仕事でここ一年間どれだけ利益が生まれているかを表した表です。どのルートも赤字です」と言って、遼は最古客の常務に見せた。

常務は、「これ本当か？　もっと利益があるだろう。ウソを言うんじゃないよ」と否定し、さらに、「親父の時代からどれだけ面倒みてあげてきたか、知ってるのか！　仮にこの資料が本当でも、会社設立当時から世話になってきた得意先に言う言葉じゃないだろ」

常務は、遼の会社を自分が担当しているということもあって、話を聞くつもりはな

いような感じだった。

遼は、常務の横に座っている得意先の社長に向かって話し始めた。

「父の時代から兄、そして私と、長年にわたって御社の仕事をさせてもらって本当に有り難いと思っています。ずっと以前は、利益も出させていただいていたのだろうと思います。

兄が亡くなる数年以上前からは、何度か運賃単価を下げる依頼があり、その都度、一言も交渉をせずに、言われる単価で仕事を受けさせていただきました。

これは、兄も長年世話になってきたことの御礼と考えていたのではないかと思います。兄の時代から、得意先の中で最も売上も大きく、動いているトラックの台数もいちばん多いのが御社の仕事です。

しかし、御社の赤字を他の得意先で埋められなくなってからは、借り入れが増加し、資金繰りが苦しくなり始めました」

こう言って、遼は、武志の時代からの得意先別の利益表、借り入れの推移の資料を社長に手渡した。

コラム6　黒字化再建への押さえ処

取引先を見直して利益を増やす

遼は、限界利益とその得意先と取引をするうえで紐付く業務がどれだけあるのかという視点から、赤字得意先との取引を止めるというのではなく、その**得意先に業務を譲渡するという思い切った取り組み**を行った。そうして、その結果、赤字得意先との業務改善、経費削減を一挙に実現した。

遼のような思い切った策はなかなかできないにしても、利益を生みにくい得意先との取引の縮小、ムダな業務の削減などできることは多い。

ところが、得意先、製品や商品、地域など、さまざまなセグメントで限界利益を算出し、その一つひとつの限界利益をいかに増やすかということを丁寧に考え、検討している会社は少ない。

これほど利益を増やすのに効果がある方法はないにもかかわらずだ。

経営者の仕事は売上を伸ばすことではない。

会社を存続させることだ。そのために必要なものが利益だ。

少なくとも、1年あるいは6カ月に一度は得意先別などの視点で利益と業務の棚卸しを行い、以降のそれぞれの得意先に対する取り組み方針を決め直しておくことをお勧めする。

このようなことに取り組まずに、数値計画をいくら作成したところで、その計画はまさに絵に描いた餅だ。

先方の社長は、資料を見て初めて状況がわかった様子で横にいる常務に言った。

「これほどの状況だとは聞いてなかった。これでは経営は相当厳しいだろう」

遼が資料を作り説明したこの日の交渉で、遼の会社がこの得意先との取引をやめることが決まった。

遼の会社から、この得意先の仕事をしているトラックとドライバーをこの会社に譲渡することで合意したのだ。

実際に譲渡するのは、繁忙期を過ぎてからにはなるものの、これで大きな赤字を生んでいた得意先がなくなり、このあと遼の会社は、利益を積み重ねていくことができるようになった。

◉限界利益の状況をいつでも見えるように工夫する

遼は、毎月の櫻田との打ち合わせで聞いたことを理解し、理解できたものはすぐに実践に移していった。その一つが事務所に貼り出したグラフだ。

ポイント　「今どれだけの利益が出ているか」を月中で社員と共有する

以前に櫻田から限界利益が固定費を上回れば、その瞬間から利益が出ることを教えられていた。しかし、1カ月が過ぎてから、今月は固定費を上回ったのかどうだったのかとわかっても遅いと思い、何か方法はないものかと考えていた。

遼の会社だけでなく、どの会社でも利益を生み出すのは社員一人ひとりの行動の結果だ。だからこそ、社員と今どれだけの利益が出ているかということを月中で共有することがとても重要だ。

月中で社員の共有ができれば社員の行動は変わるのではないかと遼は考えた。

そこで、ある時の櫻田との打ち合わせで櫻田に相談してみた。

「櫻田さん、限界利益が固定費を超えたときから利益が生まれるということはよくわかっています。

しかし、今は1カ月が終わってからどうだったのかと振り返っていて、これでは遅いと思っています。月中で今の限界利益の状況がわかり、それを社員と共有するにはどうすればいいでしょうか？」

いつものニコニコした顔で櫻田は答えた。

「グラフにしてみたらどうかな」

こう言って、櫻田はいつものノートにグラフを書き始めた。

「重要なことは、限界利益を生み出すことに社員全員が全力で自分の立場でできることを考え、行動に移すことだ。

経営者からの指示を待っているようでは遅い。

そのためには、限界利益がどのようにして生まれるのかということについて社員に教育することが必要だ。

同時に、このようなグラフを社員が見えるところに貼り付けて、皆で共有すればいい。

図表14

限界利益を毎日管理するために その推移をグラフにする

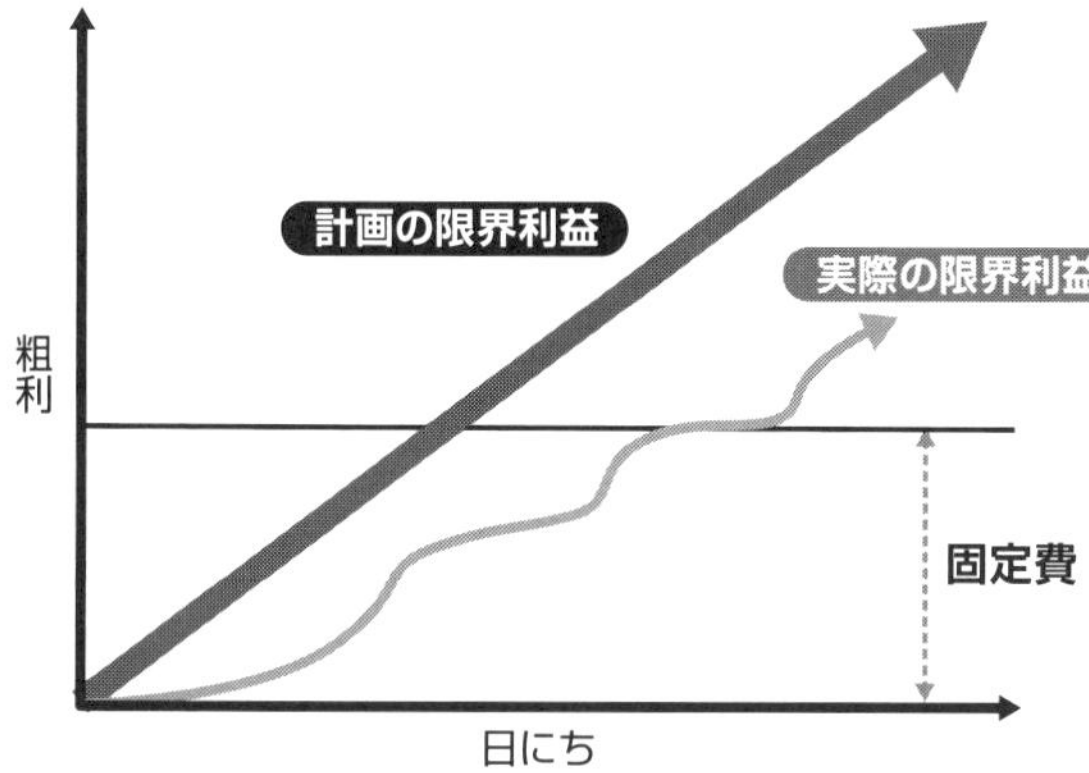

1カ月終わってから「どうだった」と言っても後の祭り。毎日、限界利益を共有するだけで会社は変わるんだ。

いいかい、大事なことだからもう一度言うよ。

限界利益がどうすれば生まれるのかについて話し合い、教育すること。

そして、**グラフなどを使って、限界利益の状況がいつでも見えるようにすること。**

この二つだ。

アナログと言われるかもしれないが、パソコンを使って見ることができるようにするのもいいが、このグラフを見ながら、いつでも、誰でも、気軽にこのことについて話ができる環境を作ることが大事なんだ」

ポイント　組織で組織を動かそうとしてはいけない

会議などで検討するのもそれはそれでいい。

しかし、ドライバーが24時間車の運転をしている会社では、会議だけでは全員と共有するのは難しい。また、幹部から部下に話をしてもらうという方法もあるが、会社にとって大事なことは、経営者が直接社員に話をすること。

大企業の真似をして、組織でコトを動かそうとすることにこだわってはいけない。

組織のカタチや役職を使って、何かをするのは中小企業には向かない。

◉何のために経営するのか

遼は考えていた。

「突然、社長になり、そのあとは、いろいろな考え方や知識を学んで実践してきた。会社も利益が出るようになってきた。方法論は学んだつもりだ。でも、何かが足りないような気がする。それは何なんだろう」

遼は櫻田に尋ねた。

「櫻田さん、社長になってからというもの、利益を出すことだけを考えて、とにかく一所懸命やってきました。

そうして、利益も出せるようになり、会社の内部留保も増え、来月には土地を購入し、そこに本社とトラック駐車場を移転することも決まりました。

金融機関も会社を設立したときとは手の平を返したように、支店長やなかには役員までもが挨拶に来て、取引をしてほしいと言われるようにもなりました。

しかし、利益を出すために経営をしてきたのではないと思います。

もっと大事な何かがあると思うのです。

これからのぼくの心の中に経営の柱となるモノがまだないと思うのです」

櫻田は、ニコニコしていた顔から一転して、真面目な顔になり、話し始めた。

「遼くんは、何のために経営をするのだろう」

遼は一呼吸おいて、

「ぼくは、兄・武志が会社分割で作ってくれたこの会社を守ること、そのものが経営だと思っています。

そこには、兄・武志から引き継いだ社員や得意先、取引先を守ることも含まれています」

櫻田が頷きながら話し始めた。

「会社を経営する目的は、そのときの経営者の置かれている状況によって変わる。お金がないときはお金を稼ぐため。借り入れが増えれば借り入れを返すため。こういうのもあるだろう。しかし、このようなことは一時的な目的であって、継続的なものではない。

今から言う私の考えがすべてだとは思わないが、よく聞いてほしい」

ポイント　櫻田の経営に対する想い

「**私は社員の生活、社員の家族を守るために経営する**というのが最も適切だと思っている。

会社は、経営者一人で事業をすることは不可能だ。社員がドライバーとして乗務し、配車担当が得意先と打ち合わせをしたりドライバーの手配をし、事務スタッフが事務処理をやってくれているはずだ。

やはり、社員を大事にし、社員の生活基盤を安定させ、仕事に集中できるようにしてあげることが会社の重要な役割だ。会社が社員を守らずして誰が守るのだろうか。利益もお金も会社の存続のために使われる。その存続も社員のためでなければならない。社員第一主義が日本的経営の真骨頂だと私は思う」

「忘れてはいけないよ。遼くんの会社は、君が作ったのではなく、作ってもらったんだ。誰がこの会社を作ることを決め、そのためにどれだけの努力をしたのかということを忘れてはいけない」

遼は、武志と一雄、そして母のことを思っていた。

「自分が料理人をやめてまで運送業を引き継いだのは、この家族のためだった。

そうだ。

ぼくの家族と社員、そして社員の家族の生活を守り、幸せにするためにこの会社の経営をしよう」

ポイント **経営理念は経営者の心があらわれたものなり、会社の使命を示す**ものである。何のために経営をするのかということと同じことだ。これがあれば、経営においてブレることもなくなるだろう。

「**何のために経営するのか。これこそが会社の存在価値である**」と櫻田は遼に伝えたいのだ。

◉社員との心を合わせて会社を一つにする

遼は思いついた。

遼の会社では、ドライバーが24時間乗務しているため、全員を集めようとしても、誰かが常にいないという状況にある。

これではどうしても社員の会社に対する思いが薄くなりやすい。

「そうだ！　24時間やればいいんだ。24時間やれば多くの社員と顔を合わせることができる。24時間新年会だ」

こうして24時間テレビならぬ、24時間新年会が生まれた。

いつでも社員が参加できるように、深夜であっても、早朝であっても、いつドライバーが会社に戻ってきてもいいようにと思いついたのだ。

早速、遼は実行する。

遼が考えていたよりも、社員が喜び、普段は顔を合わせない社員同士がいろいろな話をしてコミュニケーションがとれ、会社としての一体感が出てきた。

さらに、全社員との個人面談も行うようになった。

社員一人ひとりと時間をかけて面談をし、遼の考えや思いを伝え、会社の目指しているいることを伝え、社員の困っていること、悩みを聞き、励ますということを始めた。

全員が一巡するまで半年以上はかかるが、それでも経営者が動かなければ何も始まらない。

ポイント **大切なのは顧客だけではない**

顧客が大事なのは当たり前のことだ。わざわざ言葉にして言うまでもない。

しかし、営業、製造、サービスの提供、経理や総務など、会社としての大事な仕事を行っているのは社員なのだ。

顧客への対応も社員が行っているはずである。

この大事な仕事のレベルを上げるためには「社員教育をすればいい」と言われるかもしれないが、中小企業でその時間と費用の捻出ができる会社は少ない。

社員教育は重要であり、必要である。しかし、その効果を十二分にするのは経営者が社員を大事に思う心、行動ではないだろうか。

経営者が社員を最も大事に思うからこそ、社員は顧客に対し、経営者から与えられた思いを顧客に注げるのだ。

◉社員を大切にしないようでは利益は出ない

これらの取り組みでいちばん変わってきたのは、会議などで否定的な発言ばかりをしていた社員だった。

「新しい社長は自分たちのことを考えてくれている」

この否定的な社員も率先して会社行事や会議に参加するようになった。

それだけではない。ことあるごとに、逵は、限界利益が大事だと話をし、どうすれば限界利益が増えるのかを教えた。すると、否定的だった社員や他人事のように傍観していた社員が変わり始めた。

「信号待ちで発進するときに、アクセルをゆっくり踏めば燃料の減りが少ない」

「高速道路は一つ手前で降りて一つ遠くから乗ろう」

「事故を起こせば保険料が増えるからゆっくり走ろう」

「きちんと制服を着て乗務しよう」

「得意先に着いたら大きな声で挨拶しよう」

こんなことを社員たちが言い始め、自分たちの間で「こうしたらこうなったから、おまえもしろよ」と、お互いにアドバイスし合うようになってきたのだ。

変わり始めたドライバーや社員を見て、得意先から遼に連絡が入ってきた。

「なぜ、急に変わったんだ」

「どういうことをやれば、これだけ変われるんだ」

「仕事ぶりが変わった。荷物を丁寧に運んでくれるようになった。見違えるような挨拶をするようになった。これなら信頼できる。次は、この仕事をしてくれないか」

仕事の依頼が増え始め、値引きの要らない、それも高い単価で仕事をうけることができるようになってきた。

ポイント　会社は変わることができる

会社は、どのような経営者であれ、その経営者を軸に動く。中小企業になればなおさらだ。

その経営者が変われば、会社は変わる。**どのような会社であっても、経営者が心を高め、経営のやり方を少し変えるだけで会社は変わるのだ。**

遼の会社がこのことを証明してくれている。

櫻田は言う。

「利益を出すと言っても行動するのは人。その人を大事にしないで経営とは言えない」

◉赤字にならない体質をつくる

櫻田は、ある打ち合わせのとき、遼に言った。

「利益を増やすことを考えて経営をするのは当然だが、売上が下がったときのことも考えておかなければならない。

社員は、売上や利益を増やすことは考えてくれるが、赤字になったときのこと、赤字にならないようにするためのことを考えるのは、経営者の仕事だ。

今、限界利益が増え、組織に一体感が出てきたことは良いことだ。

しかし、この先、いつどうなるかは誰にもわからない。

経営は、利益を出すことだけではない赤字にならない体質を作ることこそ大事なんだ」

遼は考えた。

「赤字にならない体質にするには、どうすればいいんだろう」

いろいろ書籍やネットで調べたが、今ひとつしっくりくる答えは見つからなかった。

その後の櫻田との打ち合わせの時、遼は櫻田に聞いた。

「櫻田さん、前に言われていた『赤字にならない体質』にするにはどうすればいいか、考えたり調べたりしましたがわかりませんでした」

櫻田はいつものアイスコーヒーを左手に持って話し始めた。

「遼くん。赤字になるときは、どういうときかな？」

「限界利益が固定費を下回ったときです」

「そうだ。限界利益が固定費を下回らないようにすること。固定費が限界利益を上回らないようにすること。限界利益の視点と固定費の視点、両方からみればいい」

櫻田は、アイスコーヒーを飲み干しながら言った。

遼は、櫻田の言いたいことを理解していた。

「限界利益が固定費を下回らないようにする取り組みと固定費が限界利益を上回らないようにする取り組みが違うということだな」

ポイント　限界利益が減少しないようにする

限界利益が固定費を下回らないようにするためには、限界利益が減少しないようにする。その方法の一つは、一つの得意先や一つの仕事で大きな限界利益を生み出しすぎないように限界利益を分散させることだ。

もう一つは、何としてでも単価を上げる方法を編み出すこと。こう言うと「それがわかれば苦労はしない」と思うかもしれないが、苦労の末、単価を上げることができた会社がその苦労に見合う利益を受けることができるのだ。

コラム7　黒字化再建への押さえ処

赤字にならない体質

赤字にならない方法ではなく、赤字にならない会社の体質をつくらなければならない。

赤字にならない方法が会社に定着している状態をつくることだ。

本文でも書いているように、赤字にならない会社をつくるには、限界利益からのアプローチと固定費からのアプローチの両方を常に行わなければいけない。

限界利益の増やし方はすでにコラム１に書いた（63ページ）。

固定費を増やさないことについては本文に書いた（111～118ページ）。

固定費についてはもう少しだけ補足しておこう。

固定費の増加は、意思決定と業務に大きく関連する。

新たな意思決定で業務が増えると間違いなくコストが増加する。そのコストで限界利益は増えるのだろうか。

実は、会社にはムダと思える時間も必要だ。

しかし、それはあくまでも時間であって、業務であってはならない。ダメな上司、ダメな専務、ダメな社長が、ムダな業務を指示するのは赤字会社の典型とも言える。

①限界利益を生み出さないムダな業務への意思決定をしないこと

②業務数を減らすこと

③書類数を減らすこと

これだけで固定費は増えることなく、減ることになる。

ポイント　固定費が増えないようにする

固定費が限界利益を上回らないようにするためには、固定費が増えないようにする。それには、勘定科目で固定費予算を立てるのではなく、どういう仕事や業務が今後増える可能性があるのかを考え、それがどの勘定科目に影響が出るのか、その額がどうなるのかを検討すること。

さらに、固定費の増加予測と限界利益の増加予測を、得意先別、商品別に行い、限界利益の増加分が多くなるように管理することだ。

赤字にならない体質の**「体質」とは、その組織が持つ癖や風土、慣習、文化のようなものだ。**櫻田は遼の会社のように、限界利益を意識し固定費を意識する行動や考えを、組織自体に定着させることが大事だと言っているのだ。

◉「税金は経費」ととらえる

あるとき、遼は櫻田に尋ねた。

「おかげさまで、何とか利益が出るようになってきました。本当に有り難いことです。社員みんなが数値を理解し、自分の役割を果たそうと努力してくれているからだと思います。

でも、今期は税金をたくさん納める必要がある、と税理士の先生から言われました。みんなが頑張って得たお金が税金で取られるように思ってしまいます。正直とても抵抗があります。

同業者の会合とかで人に聞いても、『税金なんかに取られないようにすることが大事だ』とも言われました。

櫻田さんはどう思いますか？」

櫻田は、昔の自分の考えとよく似ているなと思いながら、いつものニコニコした顔で話し始めた。

「経営者として持っておかなければならない考えが三つある。

一つは、税金は、将来の日本を作るためのお金だということだ。会社の使命は存続することにある。日本の存続なくして、会社が存続できるわけがない。また、国家に力があるから企業の収益も上がるんだ。

さらに、今の子供たちの教育も税金でまかなわれている。日本が先進国として世界に誇れる国家になったのも、この教育のおかげなんだよ。

企業が税金を納めなくなれば、将来の日本を支える原資が減るということだ。

会社が支払う税金があるから、社員の子供たちも教育を受けることができ、質の高い生活が送れるんだよ。

もう一つは、経営理念に「社会貢献」などと言っているにもかかわらず、税金を支払いたくないという会社は多い。税金が最も社会に貢献できる方法だということをわかっていない。

三つ目は、損益計算書に惑わされているということだ。

損益計算書は、いちばん上の売上から順に原価などを引き、経常利益から法人税などを引いて、税引後当期利益を算出する。

経常利益から税金を差し引きするから、その引くことをもったいないと思ってしまう。引かなければもっと利益が増えるのにと思ってしまう。

損益計算書の構造にも責任がある。

この税金の額を少なくするために、多くの経営者は節税したいと思ってしまう。

節税で経費を増やすほうが、納税で税金を支払うよりも税引後利益が少なくなってもだ。

会社経営で大事なのは経常利益ではない。税引後当期利益だということを忘れてはいけない。

納税しすぎて潰れた会社はあまり聞かないが、節税しすぎて潰れた会社は山ほどあるんだよ」

「最後にもう一つ、**税金は経費**と捉えることだ」


それから、半年後。

櫻田は、遼に質問をした。

「会社が潰れないために必要なものは何かわかるかな？」

遼は、自信を持って答えた。

「利益です。税引後当期利益を黒字にすることです」

「その通りだ。ではなぜ、税引後当期利益を黒字にすることで会社が潰れないのかはわかるかな？」

「税引後の利益は、納税後の利益でこの利益を毎年計上していくことが自己資本を厚くすることにつながります。現預金の増加額とこの税引後当期利益の額は一致しませんが、税引後利益がプラスであれば現預金が増えるのは間違いありません。

私は、櫻田さんが言っていたように**税金を経費**と捉え、税引後利益を毎年計上することを目指してきました。

そうして、私の会社は、毎年、税引後当期利益を3000万円以上計上し、それが、4年間で1億以上の預金を増やすことができたのだと思います。

会社に現預金があるということは、もしも、資金が必要になったときに金利ゼロで資金を調達できることになります。税率と金利とを比べたら金利のほうが安いのは当たり前ですが、返済する必要もなく、借り入れが増加するよりも財務体質は健全です。

現預金が少なく、自己資本もそれほど厚くないのに、5000万や6000万、あるいは1億の資金をすぐに調達できるとは思えません。

図表15 税金を経費にする方法

損益計算書

売上高		××××××××	
	売上原価	××××××	
売上総利益		×××××××	⬅ 製造業や運送業などでは これを管理しても意味はない **限界利益を管理することが重要**
	販売費および一般管理費	××××	
営業利益		×××××	⬅ 本業の儲けを表す
	営業外収支	×××	
経常利益		×××××	⬅ 経営での儲けを表す 経常利益を重視しすぎると 節税したくなるので要注意！
	特別損益	××	
税引前当期利益		××××	
	法人税等	××	⬅ **これを経費と捉える**
当期純利益		××××	⬅ **この利益目標を立てることが重要**

課税所得の40%が税金。税理士に今年の課税所得の予測を算出してもらい、その40%の税金を経費として予算化する

自己資本比率が高い会社は、倒産しにくく、低い会社や債務超過の会社は、いったん業績が悪くなるとたちまち資金繰りが悪化する会社が多いと思います」

◉税引後当期利益は会社の体力を強くする源泉

櫻田は言う。

「税引後当期利益を黒字にし、社内にお金を留保することが第一だ。だからといって、自己資本比率だけに固執してはいけない。あくまでも財務指標は参考にするものであって、その指標を経営目標においたとしてもあまり意味はない」

続けて、

「税引後当期利益を生み出すことは、会社の体力を強くする源泉だ。社員の将来の生活を守るためにもこの利益は徹底して生み出していかなければならない。そのためにも節税をしすぎてはいけない」

櫻田がこの苦い経験のことを遼に話をしたことがある。

「私もずっと以前、納税を避けたことで苦い経験をしたことがある。納税をするくらいならと、社員を増やし、販促経費をかけて、売上を伸ばそうと考えた時期があった。ちなみに、私の会社の場合は売上＝限界利益だが。数年間にわたり、募集経費をかけ社員を増やし、人件費や販促経費に多額のお金をかけたんだ。

売上は順調に伸び、さらにまた利益が出ることとなり、また節税を行う。この繰り返しだった。

しかし、この売上は私一人が伸ばしていた売上だったんだ。

経営コンサルティング会社の商品は、本来は人ではない。会社が保有する経営コンサルティングノウハウが本当の商品だ。それを持っていないコンサルティング会社は、コンサルタントを商品として、その人の過去の経験やノウハウに頼ってしまう。

私の会社は、会社として経営コンサルティングノウハウを蓄積してきたが、それがまだ標準化できていなかったために、コンサルタントが限界利益を生み出すことができなかった。

思うように人が育たないなか、私一人でいつまでも高い売上を維持することもできず、少しずつだが売上が減少するという状況になってしまった。同時に、会社のお金も考えていた以上に減ってしまった。

コンサルタントを育てるということは、とても難しいことはわかっていたにもかかわらず、その難しいことを行うための周到な準備もなく、納税するくらいなら使ったほうが会社のためだと考え、安易なお金の使い方をしてしまったのだ。

減っていったお金を元に戻すのは難しい。

お金が減る状況は会社としてまともな状況ではない。

お金が減ることを止めるのが精いっぱいで、さらにお金を増やし元に戻すには、相当の時間と努力が必要になった。

納税を嫌い、お金を使ったほうが良いと考え、内部留保をしなかったという私の判断ミスが原因だ。

納税をして、税引後利益をしっかりと計上する。このことが会社を強くし、お金を残し、継続していくためのとても大切なポイントなんだよ」

◉経営者になったときから事業承継の準備は始める

あるとき、遼は櫻田に尋ねた。

「この会社の代表者になり、7年が過ぎました。経常利益は売上高に対し10％を超えるまでになり、定期性の預金は1億5000万円を超えました。組織も一体感も生まれ、本当にありがたいと思っています。そういうときに、ふと考えました。今、自分に何かあれば、この会社は残るのだろうか。会社のことを考えてくれる社員はどうなるのだろうか」

遼はこう考え始めると、何も準備できていないことに気がついた。

また経営者の集まりで、他の経営者にこのことを聞いても、「死んだら仕方ないよ。後は誰かが何とかやってくれる…」「生命保険に入っておくしかないよ…」「まだ若いんだからそんなことを考えるよりも今を頑張れ！」という答えが返ってくるばかり。いろいろな人に聞いたもののすっきりしない気持ちのままだった。

「櫻田さんはどう考えますか？」

櫻田は、少し遠くを見つめるような目で話し始めた。

「武志くんも同じことを考えたんだ。

彼は、自分の命が長くないことを知り、事業承継をどうすれば良いかを考え、その結果、今の遼くんの会社があるんだ。

とても大事なことだからよく聞きなさい。

人は必ず死ぬ。

このことは避けては通れない。

だから、未来に目を向けて生きようとするのだと思う。

遼くん、君は経営者だ。

君の肩には多くの社員とその家族の生活と未来がかかっている。

だからこそ、言っておきたいことがある。

君がいつ死んでもいいように、もし、何かあったときにはこうすればいい、という準備をしておきなさい。

それが経営者の使命だと私は思う。

40歳だからまだ早い。あるいは60歳になったら考えるというのでは、働く社員はかわいそうすぎる。何も知らずに、無責任な人の下で働いていることになってしまう」

遼は頷きながら尋ねた。

「櫻田さん、具体的に何をすればいいんですか？」

「**最初に決めることは、会社を残すのか、残さないのか**だ。

残さないのであれば、お金を準備する必要がある。社員に十分な退職金を支払えるくらいの額と買掛金や未払金、税金などの支払いに充てるお金だ。借り入れがあるのであればその返済に充てるお金も必要だ。最後に、君の家族のためのお金だ」

遼は考えた。

「いったいどれくらいのお金が要るのだろうか」

1億くらいの生命保険では、何の役にも立たないことは明白だった。

「櫻田さん、残す場合は何をすれば良いんですか」

「武志くんが、会社を残そうとして最初にしたことは何かわかるかな？」

遼は答えた。

「会社を残す方法として会社分割をしたことですか？」

「いや、違う。君に、弟に自分の後を継いでもらうと決めたことだ」

遼は武志の思いを感じ、胸が熱くなるのを感じていた。

「武志くんが決めたように、まず、**誰に後を継いでほしいか、継いでもらうかを決める**。もし仮に、家族にいないのであれば社員でもいい。取引先でも。あるいは、外部の第三者でもいい。とにかく決めることだ。継がせる相手がいないではなく決めるんだ」

櫻田は、ここまで言うと、いつものようにアイスコーヒーを飲み、話を続けた。

「もう一つ大事で決めておかなければならないことがある。

それは、**君が死んだ後の様々なことを、誰が陣頭指揮を執ってやるのかということだ**」

櫻田が遼に伝えたことは、これらのことを誰がやるのかということだ。

- 誰が、社員に、今後の会社のことを、どう伝えるのか
- 誰が、得意先や仕入先、外注先に対して、どのように説明、対応するのか
- 誰が、借入先である金融機関への説明と対応をするのか
- 会社組織の運営を誰がするのか（社長や役員、責任者のこと）
- 株式は、誰に、いつどうするのか
- 個人において、個人的な債務や保証債務は、どう解決するのか
- 法人・個人の生命保険の手続きは誰がすることにしているのか　など

遼は、櫻田からこのことを聞いて、紙に書き出しながら、自分が死んだ後のことを想像し、一つずつ決めていった。

ポイント　亡くなった兄・武志が教えてくれたこと

櫻田が言うように、事業承継というと、ある程度の年齢を経てからという経営者がとても多い。また、事業承継は、経営者が死ぬことを前提にしていることも

あり、後継者はもとより、家族、社員から口を出すこともなかなかできない。

しかし、武志のように、いつ何が起きるのかは誰にもわからない以上、経営者の責任で、年齢に関係なく、自分にもしものことがあったときはどうするのかを決めておくことが大事だと言える。


櫻田は言う。

まだ40代だから、事業承継はまだまだ先だという経営者がいるが、このような考えでは経営者としては未熟そのものだ。

40代であろうが、30代であろうが、経営者になったときから、もしもの時のことを考えておかなければいけない。

会社のことを考え、社員のことを考え、得意先や仕入先のことを考え、そして、家族のことを考えるのであれば、忙しいと言っている場合ではない。

あなたの大事な人を困らせないことが大事ではないか。

・親族内の株式
・借り入れ

- **リスケ**
- **跡継ぎがいない**
- **売れるような会社ではない**
- **廃業するしかない**

いろいろな状況はあるかもしれない。

会社や経営者によっては、承継するような状況ではないかもしれない。

だからこそ、自分にもしものことがあったときのことを考えておくべきなのだ。

武志は、身をもって、この大切さを教えてくれたのだ。

コラム8 黒字化再建への押さえ処

経営戦略が利益を生み出す

著者は企業経営に携わって27年を超える。

会社経営にとって、最も重要なものは何だろうか。

このことをずっと考えてきた。

本書は、「限界利益をはじめ、利益を生み出す。お金を生み出し、残す」という観点から書いてきた。

しかし、これらのことは経営者があるものを身につけることができていれば、それほど難しくない。

それは経営戦略だ。

中小企業で最も不足しているものだ。

目先のことばかりを考えて、判断し動いている会社に経営戦略はない。

これこそ会社経営にとって最も重要なものだと、数千に及ぶ会社をみてきた経験が教えてくれている。

赤字会社、再建や再生が必要になった会社、残念なことに整理せざるを得なかった会社。すべて経営戦略がなかった。

経営戦略がないくらいのことで、会社が苦しくなり、潰れてしまうとは思えないという人もいるかもしれないが、事実が証明してくれている。

あなたの会社には、経営戦略はあるのだろうか。

「経営者として経営に関する知識をもってほしい」

「そうして、今のことだけを考えるのではなく、3年から5年後に会社が存続するためには何が必要なのかを考えてほしい」

経営コンサルタントである櫻田、著者自身からのアドバイスだ。

第4章

武志、最後の意思決定

最後に武志の心の内に分け入ってみよう。
なぜ遼を呼び戻したのか。
経営判断を誤った原因を分析し、
武志が描いた再建スキームを紹介する。
会社分割にあたって障壁となった
銀行交渉の一シーンもお伝えする。

◉武志の病気

遼が新しい会社の代表者になる1年前。

櫻田に、会長である一雄から電話があった。それは、「いつでも良いので事務所まで行くから話をしたい」ということだった。

数日後、会長と櫻田が櫻田の事務所で会っていた。

「武志がガンになってしまいました」

「えっ?」

「会長、誰が…何ですか?」

「武志がガンに…」

そう言う会長の目に涙があふれていた。

それ以上あふれそうになるのを必死でこらえながら。

「会社を建てなおそうという矢先だったのに。なぜ、こんなことに・・・」

櫻田も驚き、言葉を失ってしまった。

「先生、武志にはまだ幼い子供が3人もいます。あの子たちのこれからの生活のことを考えると・・・」

数日後、櫻田は、武志と彼の会社で会っていた。

武志はこう切り出した。

「先生、実はガンになってしまいました。医者の話からはあまり長くないようです。会社を建て直し始めた矢先で…。建て直している途中で自分が先に死んでしまうかもしれません。

かといって、今の会社の状況では、自分が死んだあと、代表者になってくれる人がいるわけがありません。

私が生きている間に、新たな会社を設立し、その会社でこの会社の事業を引き継げないでしょうか。おそらく、私が死んだらこの会社は潰れると思います。

そうなれば、社員もたちまち困ってしまいます。得意先にも迷惑をかけてしまいます。

だから、新たな会社を私が元気なうちに設立し、事業を引き継いでおけば、もし私が急に死んでも、得意先や外注先、社員にも迷惑をかけることなく、事業を続けていくことができます。

先生、本当の最後のお願いです。助けてくれませんか」

櫻田は、「何としてでも事業を残せるようにするから生きてほしい…」と心の中で思っていた。

櫻田には、経営コンサルタントとして独立後の辛い思い出があった。

◉櫻田の忘れられない転機

櫻田が経営コンサルタントとしてスタートしたときは、中期経営計画、経営戦略、経営管理、人事評価と賃金制度、そして、営業戦略の策定などをテーマとしていた。

そのようなとき、櫻田の顧問先の経営が苦しくなり、財務や金融機関との取引、再建、再生などの知識や経験が少なかった櫻田は、その得意先の再建のコンサルティングができず、民事再生中立後、破産するというショッキングな出来事を目の当たりにした。

さらに、この経緯のなかで創業者の親戚と弁護士が合法的に会社を乗っ取り、創業家は責任を取らされすべての財産をなくし、、会社を追われるというようなことがあったのだ。

この出来事が、櫻田の経営コンサルタントとしてのスタンスを一変させた。

それまでは、経営コンサルタントの中でも戦略系コンサルタントとして仕事をしていたのが、この出来事をきっかけに再建や再生に関する法律、財務、金融機関との取引や交渉について、研究と経験を重ね、再建再生の分野では日本でもトップクラスの知識と実績を持つまでになった。

櫻田は言う。

再建や再生の仕事をしているコンサルタントは多いが、その多くはサラリーマンコンサルタントとしての仕事であって、専門的な教育を受けておらず、中途半端な知識で指導を行っている。

だから、会社を建て直すことも再生させることもできない。

にもかかわらず、いかにもできるかのような広告で経営者を集めている。

櫻田がまだ経営コンサルタントになりたての頃、経営コンサルタントとして仕事をしている人は少なく、職業自体が世の中で認知されていなかった。櫻田自身も経営コンサルタントという職業を選んだとき、父から「詐欺師になるのか」と言われた。

数少ない経営コンサルタントのほとんどが似非《えせ》コンサルタントみたいな人ばかりだったからだ。

今では、名乗れば誰でも経営コンサルタントになれ、ネットの力で顧客を集めている。しかし、その指導品質は低く、以前のような似非コンサルタントが増えてきているのではないかと櫻田は危惧している。

経営者自身が選ぶ目を持っていなければ、例にあったアパレルメーカーのようなことになってしまう会社も多い。

◉新たな会社設立と会社分割

櫻田は、こう思っていた。

「自分にできることをやろう。それは、社長の思いを汲んで今の事業を次につなげること」

櫻田は、新たに会社を設立する方法として会社分割を選んだ。

その理由は次の二つだった。

・運送業の許認可を引き継ぐ必要があること。

・リース契約を個別で交渉して引き継ぐ時間がないことから、会社分割では一括承継ができる。

この当時、中小企業で会社分割を使うのは非常に珍しく、弁護士でさえ会社分割のやり方を知らないくらいだった。

この会社分割という方法が、行政機関や金融機関に認知されていなかったことから、手続きにも手間取り、金融機関からは異議が申し立てられるなど、スムーズに進まなかった。それでも、通常の会社分割よりも短い期間で手続きが終わった。

ポイント　すべては次期社長を考えてのこと

今回の会社分割の目的は、武志が社長を務める運送業を引き継ぐための会社を設立することだ。

本来、事業を引き継ぐのであれば、その会社の代表者を交代すればいいだけの

図表16
櫻田と武志が当初考えていた再生スキーム

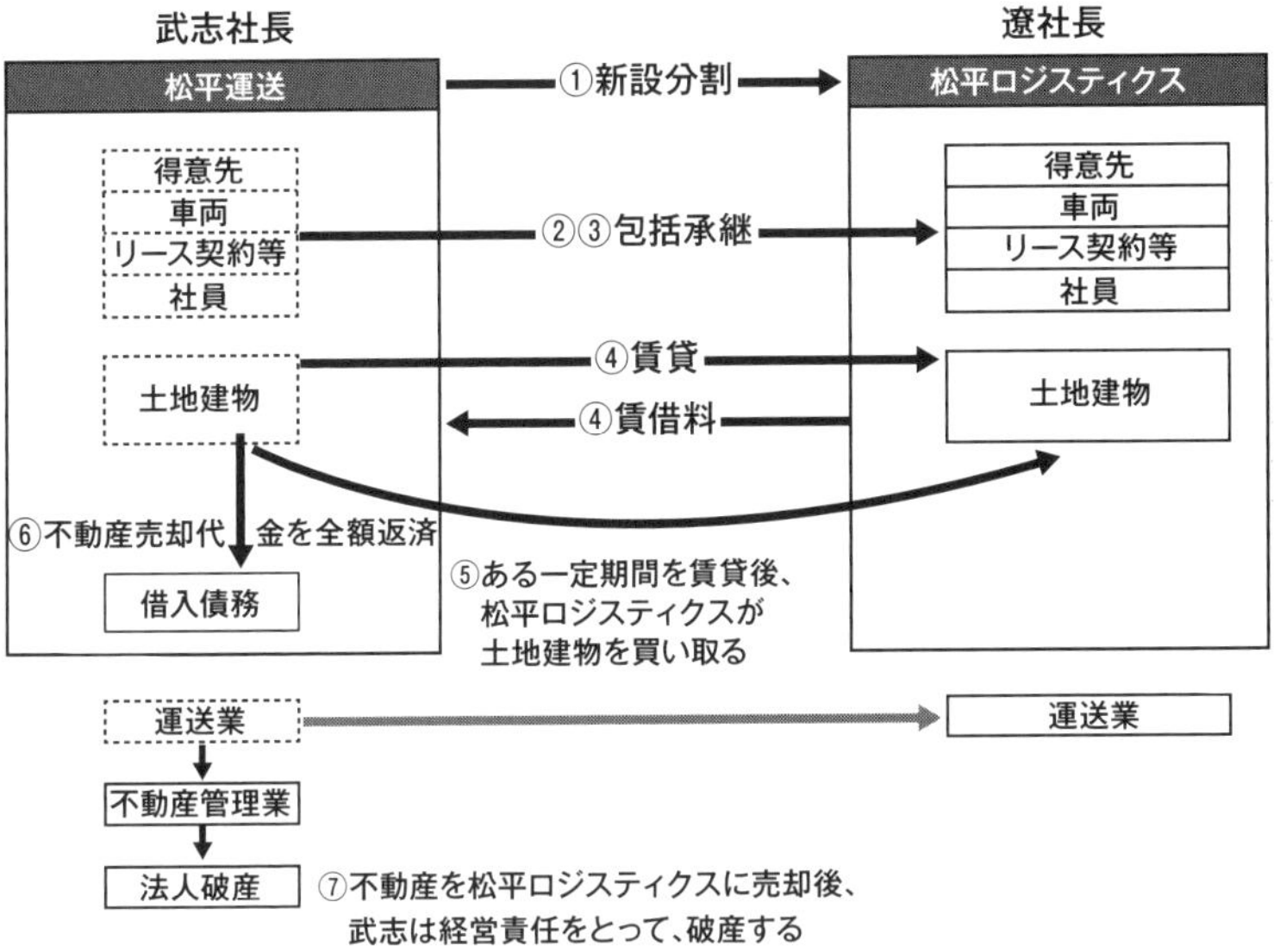

①武志の会社「松平運送」が、会社分割で松平ロジスティクスを設立
②設立と同時に、得意先との取引基本契約、リース契約などの各種契約、従業員との労働契約を包括承継
③車両は簿価で引き継ぐ
④松平運送が所有していた土地建物(本社とトラック駐車場)は、松平ロジスティクスに賃借し、その賃料収入を毎月金融機関の返済に充当
⑤一定期間後(予定では3年)、松平ロジスティクスが賃貸していた土地建物を買い取る
⑥松平運送は、その不動産売却代金を全額返済に充当
⑦松平運送の役割は終わったことで、松平運送は破産を申し立てる

こと。新たな会社を設立する必要はない。

あえて、新たな会社で事業を引き継ぐという大変な方法を選ばざるを得なかったのは、武志自身がそう遠くない将来の自分の死をわかっていたということ。そして、次の社長が経営をしやすいようにしてあげること。

そして、おそらく武志は、その次の社長は全く別の世界で生きている「料理人の弟しかいない」と決めていたのだ。

◉突然、訪れた経営悪化

武志の会社は運送業だ。

その事業の特徴は、トラックという設備投資に加え、ドライバーという人的資源も必要になる設備産業型労働集約のビジネスで、そのトラックも修繕、整備は当然のこととして、定期的に入れ替えが必要になり、新たな仕事を受注するときにも多くの場合、必要になる。

そして、そのドライバーも様々な個性を持った社員が多く、どちらかというと、組織で仕事をするというよりは、一人で仕事をしたいという社員が多いかもしれない。

会社が運んでいたものはパンだ。パンを主とする温度調節を必要とする食品輸送に特化しており、地元のパンメーカーを主力得意先として長年にわたってパン工場と小売店など、得意先の工場と店舗間の物流を担っていた。

その後、徐々に、パンだけでなく、温度管理の必要な食品もスーパーなどに運ぶようになり、売上を伸ばしていくことになる。

しかし、円高やリーマンショックなど、景気低迷の影響を受け、得意先からのコストダウン要請が強くなり、また、原油価格のアップによる燃料費の高騰、高速料金の値上げ、さらには、ドライバーの人件費アップなどで、会社の利益構造が崩れ、赤字体質になり、運転資金の不足を借り入れで補うようになり、借り入れが増加し始めたのだ。

しかし、金融機関からの借り入れができなくて困るということはなかった。

武志の会社はテレビなどに頻繁に取り上げられるほど、その地域では有名な会社で、小学生を呼んで社会体験をさせたり、荷台に小学生が描いた絵を描いて走るなど、ユニークなことを行っていた。

そして、有名な会社ということから、金融機関からの営業アプローチが絶えず、融資に困るということが全くなかったのだ。

◉武志のミス① 主力得意先からのコストダウン要請に応え、単価だけを引き下げた

ある年、武志の会社は、1600万の赤字に転落してしまった。

翌年は、売上高7億8000万円に対し、経常損失6600万円の大赤字になり、8600万円もの債務超過に陥ってしまったのだ。

それまでは地域有名企業ということもあり、不足運転資金を借り入れで補っていたが、その借り入れも、たった一年で1億5000万も増加するという状況になっていた。

武志は、すぐに以前からの知り合いである櫻田に相談し、経営改善に取り組み始めた。

2期連続赤字、急激な借り入れによる借入債務の増加、そして債務超過という状況から、すべての金融機関には返済猶予を要請した。

ある地元金融機関の支店長からは、借りた後すぐの返済猶予要請であったことから、「だまされたとしか思えない。我々が協力しなければいけない理由は何もない」と非常に厳しい口調で言われ、条件変更もすぐには応じてもらえなかった。

金融円滑化法の施行前で、リスケが当たり前の時ではなかったこともあり、10行にも及ぶ金融機関の足並みがすぐに揃うわけもなく、時間をかけて金融支援を取り付けるということになった。

武志の会社は、なぜ経営が悪化したのだろうか？

売上の減少、借り入れの増加、債務超過。これらのことが続いて起きたことで、金融機関からの融資がストップし、資金繰りが悪化したのだ。

借り入れの増加も債務超過も、これらは多額の連続赤字を計上したことによる。

では、連続赤字の原因は何なのだろうか。

損益計算書上は売上の減少である。
しかし、本質は別のところに原因がある。

ポイント　受注単価の引き下げ

主力得意先であるパンメーカーが販売単価を引き下げたことで、このパンメーカー自身の利益が減少することになった。そこで、武志の会社を含め、自社の取引先にコストダウン要請を行い、そのコストダウンに対応しないのであれば、取引を縮小すると通知してきたのである。

いわゆる、とばっちりと言ってもいいかもしれない。

本来、自社の経営努力で吸収すべきことをその努力をする前に、取引先に負担を強いることで自社の利益を確保しようとしたのである。

そもそも、このパンメーカーの方針が間違っていたと言える。

単価を引き下げることで売上高を確保しようとした方針が、自社の利益をさらに悪化させ、挙げ句に取引先の経営までもおかしくさせるくらいの取引条件の見直しを迫った。

武志の会社も単価を引き下げた時に数量も引き下げていれば、利益の減少はここまで大きくはならなかった。

単価を引き下げて売上を伸ばすことはとても難しく、通常はやってはいけない行為だ。

武志は、やむを得ずこの厳しい要請を受け、コストダウンに協力したのである。その結果、売上を構成する単価が減少し、固定費と変動費が変わらなかったことで、武志の会社は大きな赤字を計上することになってしまった。

単価を仮に引き下げ、数量が横ばいとなれば、たちまち経営危機に陥ってしまう。このことは、すでにアパレルメーカーの例が証明してくれている。

しかし、経営をするうえでこういうことは想定しておかなければいけない。取引先の値下げ要請があったくらいで、すぐに自社の資金繰りがおかしくなるような脆弱な財務体質ではいけないのだ。

◉武志のミス② 内部留保をしてこなかった

武志のもう一つのミスは、脆弱な財務体質の状況で経営を続けてきたことだ。すなわち、借り入れに頼った資金繰りで内部留保をしてこなかったことである。

内部留保というと、そんなことをしても意味があまりないという人がいるのも事実だ。

しかし、内部留保がないと、資金繰りで困ったときに借り入れが増えたり、借り入れができないとなると、生命保険を解約したり、契約者貸付を行ったり、さらには法人や代表者個人の資産を売却してお金に換えたりと、いずれにしても財務体質を弱くすることになってしまう。

◉節税と粉飾 改善するのは今からでも遅くない

会社の財務体質を強くするためにはやってはいけないことがある。

それが、節税と粉飾だ。

節税という言葉を聞くと、経営者であれば誰しも大きな関心を持っている。

おそらくその理由は、

・納税をしても意味がない
・納税をするのがもったいない
・納税するくらいなら節税したほうがいい

という程度のものだ。

節税の方法として、最も一般的なものは生命保険である。

この生命保険だけでなく、節税をするには、実際に会社からお金が支出されなければならない。

お金の支出なしに節税はあり得ない。

ということは、節税をすればするほど会社のお金は社外に流出してしまうことになる。

節税策の多くは、利益の繰り延べ、社外積み立てということになる。そうして、ある一定の時期、あるいはお金が必要になったときに保険を解約するなどして、会社に資金を戻す。

ところが、支出した金額全額が戻ってくるわけがなく、必ず戻ってくるお金は少なくなるようになっている。

このことをカバーするために「節税効果」と保険会社は言っている。

お金が必要になり、保険を解約したとすると、その解約返戻金は雑収入であり、その年度の利益によっては、この解約返戻金に課税される可能性もある。

戻ってきたときに支払った額よりも減っており、さらに雑収入で課税されるのであれば、生命保険の節税は慎重に考えなければならない。

慎重に考えなければならない理由がもう一つある。

それは、**節税の実体は、「資金の社外流出」**ということだ。

これをやり過ぎると会社にはお金がない状態になり、自己資本が薄い会社になってしまう。

節税を求めるあまり、預金口座にお金がない会社が、いざお金が必要になったときにどういう方法を思いつくか。

借り入れだ。この考え方によって借り入れが増えてしまう会社も多い。

厚い自己資本や内部留保は一年で作ることはできない。

数年以上にわたって利益を生み出し、納税をし、その残ったお金を内部留保として預金口座に貯めなければ内部留保はできない。

会社が6カ月以上の運転資金に匹敵する余剰資金を持っていることで、コストダウンの要請がきても、天災地変で売上が減少しても、その起こった状況を受け入れ、冷静にどうすれば良いかを判断できる。

目先のお金ではなく、将来のためのお金を持つことが大事なのだ。

ポイント　正確な数字が把握できなくなる

上場企業で粉飾決算は犯罪だ。

中小企業においても同様。粉飾はやってはいけない行為だ。

櫻田は言う。

「経営において、粉飾が引き起こす最大の問題は、数値を曖昧にする経営になってしまうということだ。経営者自身が数値を理解して粉飾をしている場合とそうでない場合があり、多くの場合、経営者がわかっているのは損益計算書で、貸借対照表はあまりわかっていない。

この曖昧な知識で粉飾前の数値と粉飾後の数値の差異をきちんと把握することなく決算を行ってしまう。

そうして、新たな期が始まり、その期の試算表などは粉飾をした決算を引き継いで作成されるため、何が実態でないのかがわからなくなってしまう。

実際に粉飾を一年で是正したという会社は少ない。

それは、粉飾に慣れ、粉飾した事実を忘れ、是正する気持ちさえ忘れてしまうのである」

◉武志の死と新社長の誕生

武志は、櫻田と会社の再建途上の取り組みを行っていた。金融機関との交渉、共通費を配賦していない得意先別利益表からの得意先の選別、ルート別利益表によるルートの選別、固定費の削減、社員への説明。

あるときから武志の体調が悪化し、会社に出社できない日が少しずつ多くなっていった。櫻田は、各専門家と連携し会社分割の手続きも同時に進めていた。

そのとき、会社の決算があった。

売上高は前年比10％減の7億８００万、経常損失４２００万、債務超過額は1億８００万となった。

取引先との契約ルートや単価などの条件の見直し交渉、ドライバーや幹部社員に対する限界利益意識の強化、高速代と燃料費の使い方の教育、社員との個別面談、固定費の削減など、どれも武志が陣頭指揮を執らないと進まないことばかりだった。

さらに、武志の体調が日に日に悪化し、会社に出社できなくなっていった。

そして、決算の数カ月後、38歳という若さで武志は亡くなってしまった。

櫻田に経営改善の指導と新会社設立を依頼してから一年も経っていなかった。

一雄も櫻田も無念さでいっぱいだった。

その一雄、櫻田の心にあったのは、武志が何としても残したいと思っていた事業を残すことだった。

そうして、武志の死後、急遽、一雄が代表者になり、予定通り会社分割を行い、遼が代表者になる会社が設立されたのである。

遼は、まさか自分が呼び戻されるとは思ってもみなかった。そのうえ、兄である武志が死んでしまい頼れる人もいない。父である一雄は、役職こそ会長であったが、会社から離れて数年経っており、現場のことはほとんどわからなくなっていた。

しかし、武志の描いていたとおり新会社にしたことで、今までのやり方や考え方を引き継がずに済み、また、得意先との取引条件も見直しやすくなり、負の遺産の影響の少ない経営ができる状況を作ることができていたのだ。

◉難航する銀行交渉

ある日一雄と櫻田が打ち合わせをしていた。

「先生、どうしたらいいでしょう」

「諦めるのではなく、何度も金融機関に説明をするしかありません。一緒に金融機関に行きますから、もうしばらく時間をかけて、理解を求めていきましょう」

事前に金融機関の了解なく新たに違の会社を作ったこと、武志がいなくなってしまい、武志の会社が存続していけるのかを金融機関が問題としているのだ。

なかでも、会社分割の際、法律に則って債権者に通知をしていたにもかかわらず、ある一つの金融機関だけがそれに気がつかず、会社分割で新たな会社を設立した後で、事前に承諾していないと言い、このたびの新会社設立と武志の会社の事業変更を認めないと言っているのだ。

手続きは適法で進めており、何ら問題はないことから、相手にしないという選択肢もあったが、会長である一雄は納得してもらって会社を続けたかったのだ。

このたびのスキームは櫻田からの提案。新たに設立した会社は運送業として、武志の会社は不動産を持っていたことから不動産賃貸業として、所有する不動産を貸し、その賃料収入を金融機関などの返済に充当するということとし、この説明を金融機関に行っていた。

メガバンクや地銀、政府系金融機関などほとんどの金融機関は同意してくれていたが、二つの金融機関がなかなか同意せず、最終的には、一行だけが同意しないという状況になっていた。

他の金融機関からは、「約定の返済額は難しいとしても、返済しようとしている誠意は十分感じられ、それに加え、返済ピッチも許容範囲内ですよ」ということだった。

その後も、一雄と櫻田は、この金融機関に何度も足を運び説明をしたが、数カ月経ってもこの金融機関は同意せず、ある日、「期限の利益」が喪失したとの通知を送ってきたのである。

メインバンクも含め他行すべてが、返済条件の変更に同意しており、このことで会社が潰れることはないにせよ、一雄には、この銀行交渉の大変さが精神的にも肉体的にもこたえた。

ある日、一雄から櫻田に電話があった。

「先生、もう疲れてしまいました」

櫻田は、一雄と会って話をするために、急いで一雄の会社に向かった。

一雄が疲れた顔で櫻田に言った。

「先生、遼を助けるために自分がよく知っている得意先には、遼の代わりに私が単価とルートの交渉をしてきました。

有り難いことに銀行も得意先も多くは、私たちが頑張っていることを評価してくれ、できるだけ協力しようと言ってくれています。

しかし、例の金融機関と最も古い得意先との話がなかなか進みません。

金融機関の支店長は、私にこう言いました。

『勝手に会社を作ったのだから、我々も勝手にしますよ。潰される前に自分から潰れたほうがいいですよ』

先生からも弁護士の先生からも法律に則って進めていると聞きました。他の金融機関もすべて協力をしてくれています。なぜ、この金融機関だけが敵対してくるのでしょ

ことができなかった。

以降、櫻田は、クライアントから「A銀行から融資の営業にきたのでどうしましょう」と相談されたときに決まって言っていた言葉は、「人の心のない金融機関と付き合ってはいけない」ということだった。

実は、このことから数年以上経ったあるとき、偶然にも櫻田のクライアントの別の会社に、担当者と営業にきたのがこの支店長だった。

支店長は、このとき、武志に対して話をしたことを覚えており、櫻田にこう言ったそうだ。

「あのときは申し訳なかった。上から融資をした自分の責任を問われ、その責任を少しでも逃れたいと思い、武志社長のせいにした発言をしてしまった。本当に申し訳なかった」

櫻田は言う。

「会社組織である以上、指示命令は必要だ。しかし、何が正しいのかを考えることもできず、その発言さえもできないような会社は存在してはいけない」と。

ビジネスマンとして、規則や論理を言う前にもっと大事なことは、子供の時に親から教えてもらった「間違ったことはしてはいけない」ということだ。

コラム9 黒字化再建への押さえ処

支援しなかった金融機関の本音

武志が急逝したその後、武志の会社が会社分割をして遼の会社を設立した。

Ａ銀行だけが最後までこのことを理由にリスケの支援協力をせずに、数カ月そのまま放置し期限の利益を喪失させた。

実は、このＡ銀行は、武志がまだ自分で銀行交渉をし、自力再建を進めようとしたときから支援にいちばん非協力的だった。

その理由をＡ銀行の支店長は面談の際に、武志と櫻田にこう言ったのだ。

「最も腹立たしいのは、貸したその 10 カ月後にリスケをお願いにきたことだ。お金を借りようとしたときにリスケをするつもりだったんだろう。こういうのを詐欺と言うんだ」

金融機関の人が言う言葉とは思えないような内容だった。

そもそも、お金を借りてほしいと言ってきたのは、支店長からだった。

その際に、「お金を貸してくれるのは有り難いが、１年以内に建て直せなかったら、リスケをお願いすることになるかもしれない」と武志は話をし、支店長は「それでもいいですから、借りてください」と言った。

リスケを要請するほうにどのような理由があろうと責任があるのは間違いない。

しかし、この支店長の話は金融機関としての責任や役割を放棄し、武志がだましたかのような発言をしたことを櫻田は許す

うか」


櫻田は、いつものニコニコした顔ではなく、真面目な顔で、

「いちばん最後に、武志社長が借りた銀行が例の銀行です。そうして、借りて一年も経たないうちに、経営が悪化し、資金繰りが困窮したことから、武志社長と私で返済を止める交渉を始めました。

すでにそのときから、この金融機関は、『我々はだまされた。詐欺と同じじゃないか』など公的性格を持った組織とは思えない言葉を吐いていました。一旦は、条件変更には応じてはくれました。

しかし、その後、武志社長が亡くなり、そして、そのあとに会社分割をしたことが自分たちの考えと違うと言って、今の状況になっています。

あの金融機関は、担保の後順位に入っていますが、おそらくその担保不動産を売却すれば自分たちはそれなりの返済を受けられると考えているのでしょう。

不動産賃貸の収入で返済をするのではなく、会社を整理して返済をするほうを望んでいるのだと思います」

こう言うと、一雄が用意してくれたいつものアイスコーヒーを一口飲んだ。

一雄は続けた。

「先生、私も決して若くはありません。武志の会社が所有している不動産が遼の会社のトラック駐車場と本社にもなっているので、遼にも聞いてみないとわかりませんが、遼が他に移転してもいいというのであれば、武志の会社を整理したらダメでしょうか。体力的にも精神的にもかなり辛くなってきました」

櫻田は、一雄がこう言うことを予想していた。

このあと櫻田は一雄の言葉にこう話をした。

「会長が代表者になっている会社は、当初の予定では武志社長が代表者のままで、銀行と交渉しながら存続させ、ガンが進行してもうこれ以上無理だとなればその時点で、遼くんの会社に不動産を買い取ってもらって、武志社長の会社は整理しようと考えていました。次の三つが武志社長の最後の意思決定でした。

遼くんに引き継いでもらうために新たな会社を設立する。そして、遼くんの会社が利益を生み、この本社の土地とトラック駐車場をその会社に買い取ってもらう。こうなれば、自分の会社の役割は終わるので、自分も破産をして責任を取る。

しかし、その武志社長がいない今は、この考えは難しいかもしれません」

櫻田は、こう言って顔を曇らせた。


この日から数カ月経ったある日、一雄は、武志の会社の破産を申し立てた。その後、管財人が就き、その管財人は不動産を売却する方針を立て、破産申立後、数年を経て任意売却された。

その数年間、遼の会社は、賃料を管財人が作った破産財団に支払い、武志の会社と同じ場所で事業を続けることができた。そうして、不動産が売却される前には、新たな土地を低利な銀行融資で購入できるまでに、信頼と信用を回復させ、事業を成長させた。

不動産を賃貸して新たな会社で運送事業ができるようにと、武志と櫻田が会社分割前に、その賃料価格の設定、賃貸契約書などに工夫を凝らし、賃貸が少しでも長く続けられるようにしていたのである。

第5章

〈まとめ〉櫻田ノートで復習する

プロローグから第３章まで、
いろいろなところで、
いつも櫻田が持ち歩いている
ノートの記述が紹介されている。
本章では、本書のまとめとして、
掲載してきた櫻田ノートのメモを
一気に掲載する。

櫻田ノートは、3000社を超える櫻田の経営コンサルタントとしての経験と知識から生まれた、櫻田のコンサルタントとしての考えやノウハウ、そして、櫻田が普段使っている手法などが書かれている。

この内容を見てみると、経営者にとってとても大事な考え方が書かれていたりする。

遼も櫻田と打ち合わせをする際には、櫻田が話をしていることをいつもメモにとり、あとでそのメモを見ては励まされ、思いだし、どう実践するかを考えていたそうだ。

櫻田自身も自分のノートを見ては確認し、新たな考え方や手法が役に立つとなれば、追記し、コンサルティングに活用している。

ここでは、武志や遼にアドバイスをした内容を中心にそのノートを見てみよう。

プロローグ　破たん会社から再スタート、超黒字会社に

「売上を伸ばしても利益は増えない。利益と売上は全く別々のものだ」

「もう一つ、利益を増やしてもそれだけではお金は増えるものではない。**お金は増やそうとしないと増えない**」

第1章 遼、経営者としてゼロからの出発

「**経営者にとって最も大事なことは、売上でも利益でもない。お金だ。**今、会社にいくらお金があり、それが来月の今、2カ月後の今、どうなっているかを予測することだ。そのうえで、お金がどうすれば増えるのか考えてみればいい」

「これはとても大切なことだ。それは、**売上はお金ではないということ**」

「**利益に関する基本的な事実は、『そのようなものは存在しない』ということである。存在するのはコストだけである**」（『すでに起こった未来』）

「**利益は存在しない。しかし、コストは存在する。**コストには、事業遂行のコスト、事業存続のコストがあり、労働コスト、原材料コスト、資金コストがある。そして、利益は、事業を存続させるためのコストだ。

ここまでは、ドラッカーの言葉だが、損益計算書の利益を盲目的に信じてはいけない。

この利益がお金であると捉えるのではなく、**この利益は事業を存続発展させていくための条件として捉えることだ**。そしてそれは、**これから存続発展するための事業を行うためのコストなんだ**。会社というものは、このコストを生み出す責任があるんだ」

「利益そのものは、通帳のどこにも存在しない。しかし、その利益があるからこそ、未来に事業を存続させるためのコストをかけることができる。だから、利益は事業存続コストだと言っているのだ」

「**変動費というのは、売上に比例するのではなく、売上を構成する要素の一つである数量に比例する費用のこと**を言う。売上は、単価と数量のかけ算で考えないといけない。売上という大きな括りでみているようでは、問題を解決する方法を見つけることはできない。

マーケティングでは単価×数量に、さらに頻度を掛けて売上を考える。

それから、売上を増やせば利益は必ず増えるということもないうえに、売上が増えたにもかかわらず、利益は減ってしまうこともある」

「（図表6参照）会社全体の変動費は、一商品あたりの変動費と数量のかけ算で決まる。

図表6 (再掲)

売上を伸ばしても必ず黒字になるとは限らない(赤字になる場合もある)

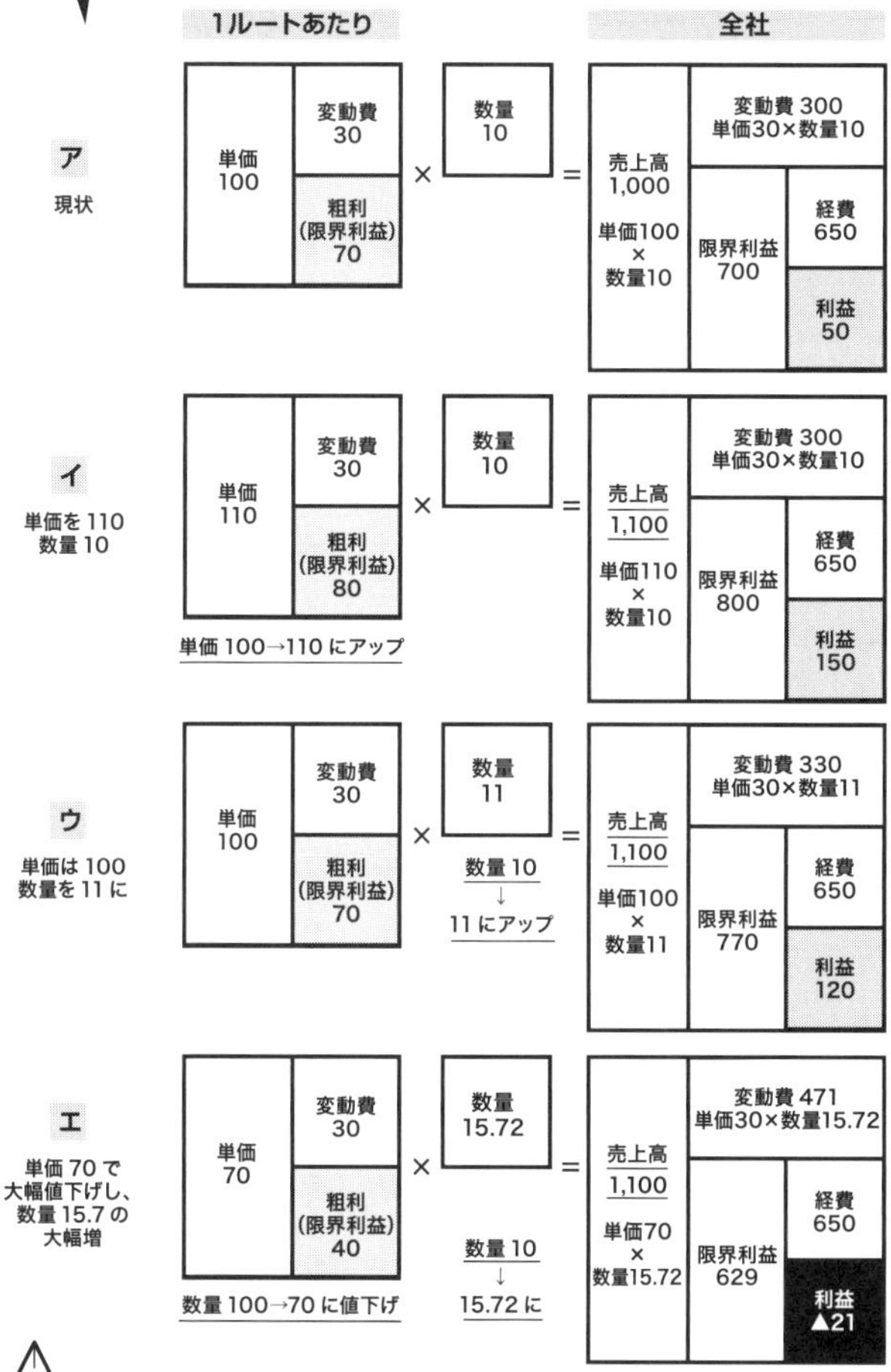

売上を同じだけ伸ばしても利益は千差万別。それは、単価で売上を伸ばしたのか、数量で売上を伸ばしたのか、売上を伸ばしたその理由によって変動費の数値が全く変わるからだ。

しかし、この変動費は直接、利益には関係していない。この変動費が関係をしているのは限界利益だ。そして、利益は、この限界利益から固定費を引いたものだ。**限界利益が、固定費を上回った瞬間から会社は黒字になる**」

「会社の利益は、限界利益と固定費との関係で決まる。売上を伸ばそうと考えるのではなく、**限界利益を増やそうとすることだけに注力すれば必ず利益は増える。**余計なことは考えないことだ」

「限界利益を増やすには、まず、図表5（52ページ）と同じ図で現状を作る。次に、変動費単価、数量、受注単価のそれぞれの数値について、何度も試算してそれぞれの目標値をはじき出し、同時に、実際の取り組み策も考えながら、さらにその取り組み策が実行可能かどうかも検討するんだ。そうして、決定された取り組み策を社員と共有し行動に移す」

「外部環境の変化を受け入れる」

「企業は環境に適応することをもって業とする」

「環境に適応できた会社だけが存続できる」

「起きたことは受け入れるしかない」

「自分にできることだけに気持ちを寄せることだ。自分ができることに全力を注ぐことだ。

自分にできることに集中することこそ、他人との差を埋める近道であり、さらに外部環境に適応するための方法ということを忘れないでほしい」

第2章　遼、会社にお金を残す仕組みを理解する

「掃除は汚れてからするものではないんだ。汚れないためにするんだよ」

「経営も同じだ。悪くなってから、慌てて何かに取り組むのではないんだよ。悪くならないように普段から経営改善は行うんだ」

「経営に対する姿勢も普段の生活の姿勢も同じでなければならないし、どちらかだけよくすることはできない」

「**一事が万事だよ。そして、小事が大事なんだ**」

「自分の会社の本当の商品は何か」

「家電量販店に並んでいる電化製品やパソコンは、家電量販店の商品ではない。それは、

メーカーの商品だ。自社の本当の商品は何なのかが明確になっていないのに、いくら一所懸命販売をしようとしても売れるわけがない」

「図表17のように、世の中の製品、商品、サービスすべてがこのライフサイクルを持っている。いくら今、限界利益を稼いでいても、必ず環境の変化によって市場は変化し、その市場で利益を稼いでいた商品やサービスは、色あせ、やがて利益を生み出さない厄介者になってしまう。

自社の商品やサービスが今、どのステージにいるのかを把握し、常に新たな手を打ち続けることだ」

「今すぐに売上を伸ばす方法。それは、君の顧客に新たな商品を買ってもらうことだ。遼くんの会社で言うと、新たなルートでの配送の仕事を受けることだ。そこには、顧客開拓コストや時間がかかっていない。これほど効果的で即効性のある売上アップ法はない」

「売上を伸ばすための考え方はいろいろあるが、最もシンプルで効果的なのはこれだ（図表18）」

「経営というものは、利益を伸ばし、お金をたくさん持っている人が経営で成功した

図表17

製品・商品・サービスが生まれてから衰退するまでの時間的経緯

櫻田が書いた「ライフサイクル」

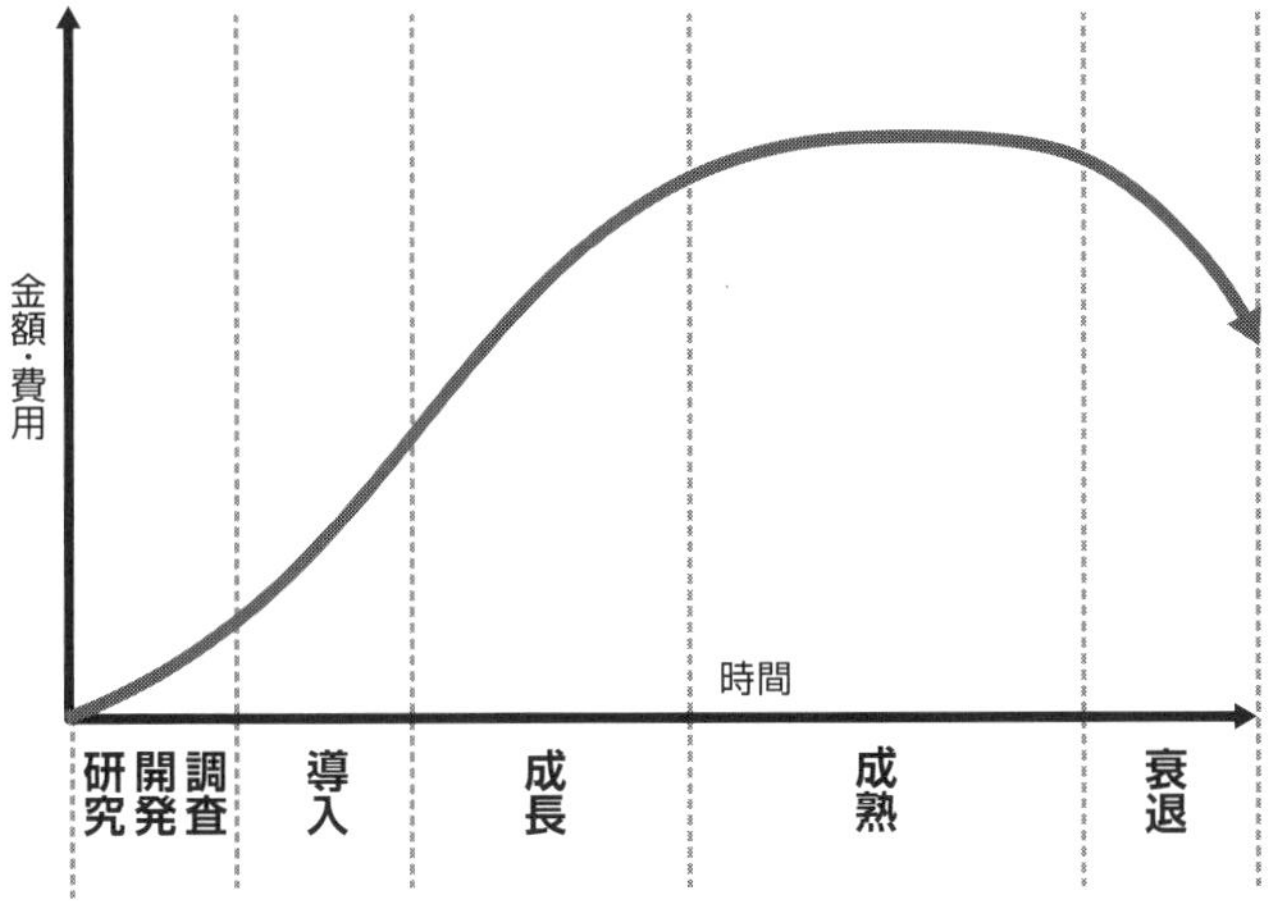

自社の商品やサービスが、今どのステージにいるか。これを把握しておかないと、数値の管理だけではいずれ利益を失ってしまう。

図表18

櫻田が書いた「顧客商品マトリックス」

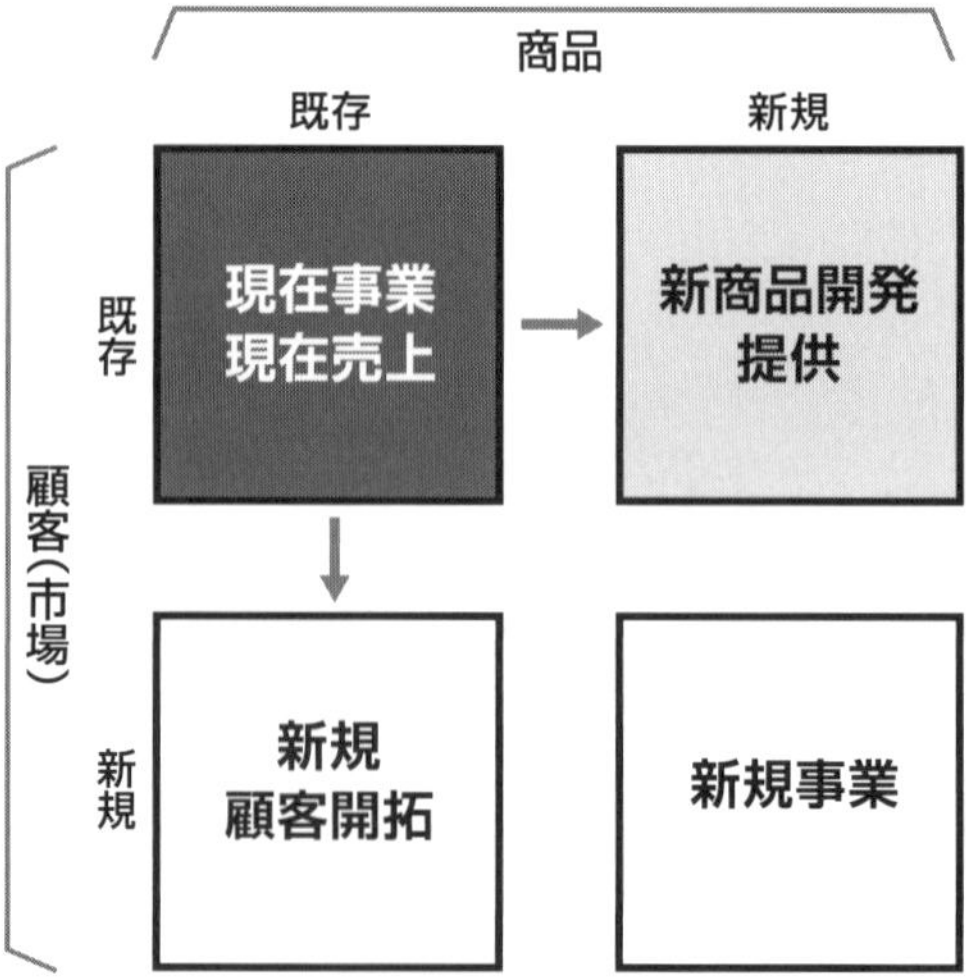

今の売上と利益は、**「現在事業 現在売上」**のゾーン。次の売上と利益を生み出してくれるのは**「新商品開発提供」**のゾーン。現在の顧客や得意先に別の商品、新たなサービスを提供することを考えなさい。

というのではない。優れた人が成功するのでもない。

経営は、利益が出ているということだけでないんだよ。心を磨き、人格を高めた人が行う経営を**本物の経営**というんだ。

薄っぺらい経営をしてはいけないよ。お金に使われてもいけない。

遼くんは今から必死で利益を積み増し、お金を積み増していかなければいけない。

しかし、今このときから、心を磨き、心を高めるということを忘れてはいけない」


「**凡事徹底**」

「**曖昧排除**」

「全部原価法で作成された損益表（図表9）では、利益を正しく把握することができない。また、経営の改善課題も見つけることができない」

「決算書で使われている損益は税金の計算のための考え方で経営者が会社を良くしようとその資料を見ても役に立たない」

「損益計算書の考え方は、売上から原価を引き、販売管理費を引いて営業利益を算出し、営業外収支を加味して経常利益を算出する」

図表 9（再掲）

遼が作成した得意先別の損益表

	得意先A	得意先B	得意先C	全社
売上高	100	80	110	290
運送原価	80	50	70	200
粗利	20	30	40	90
販売管理費	20	15	25	60
共通費	17	14	19	50
利益	▲ 17	1	▲ 4	▲ 20

遼の作ったこの表では、得意先がどれだけ儲かっているかがわからない。それは共通費を得意先に配賦しているからだ。

「要は、引き算だけで利益を算出している。こういう資料を使えば、最後の利益を増やすには、表のいちばん上にある売上を増やすか、引き算の対象となっている原価を減らすか、固定費を減らすしかない。

このような考え方では、本当に利益を増やす方法を見つけられないんだ」

「**活用する資料によって、導き出される答えが違う**」

「意思決定、判断、分析、共有。どれも使う資料を間違えば、すべて間違った方針や結論を導き出してしまう」

「変動費を使った損益計算書（図表11）。

売上から数量比例している費用、変動費のこと。この変動費を引いて、限界利益を出し、数量比例以外の費用、これを固定費というが、この固定費を引いたものが営業利益になる」

「この表（図表11）は、得意先別の一ルートあたりの単価と変動費（製造業の場合は一製品あたり、卸や小売の場合は一商品あたりとなる）、それにその得意先でどれだけの仕事をしているかを数量として表し、得意先別の損益を計算している。

得意先別の利益やその利益を生み出すための情報が網羅されていることから、得意

図表11（再掲）

数量に比例する変動費を使って得意先別限界利益を算出した表

（千円）

	1ルートあたり						全ルート						
	売上	変動費			限界利益	ルート数	売上	変動費			限界利益	固定費	営業利益
		高速代	燃料費	計				高速代	燃料費	計			
全社合計	78	2	5	7	71	425	33,150	850	2,125	2,975	30,175	28,800	1,375
A社	80	5	7	12	68	70	5,600	350	490	840	4,760	4,800	-40
C社	95	2	2	4	91	67	6,365	134	134	268	6,097	4,800	1,297
D社	120	3	10	13	107	61	7,320	183	610	793	6,527	4,800	1,727
F社	80	1	3	4	76	85	6,800	85	255	340	6,460	4,800	1,660
G社	45	2	3	5	40	89	4,005	178	267	445	3,560	4,800	-1,240
H社	55	1	4	5	50	54	2,970	54	216	270	2,700	4,800	-2,100

固定費を配賦せず、変動費を数量比例で作成した表。この表があれば、どうすれば利益が増えるかが考えられる。

先別の利益を正しく把握するだけでなく、利益に至るプロセスが明確になっているので、利益を増やすためには、どうすればいいかを考えることができる。シンプルだが、役に立つ表だ」

「**経営で行うことは、科学的で、論理的で、かつ再現性がなければならない**」

【値決め】こそが利益を生み出す源になる。

いくら、販売数量が多くてもその単価が低ければ利益はそれほど生み出せない。また、単価が高すぎると数量が少なくなってしまう。

間違ってはいけないのは、単価が低ければ数量が増えるというものではないということだ。

そのうえ、一度決まった価格、単価は、簡単に変えるということができない。

値決めは、その仕事や商品の価値を正確に判断し、その仕事一あたり（商品一個あたり）**の単価と、その仕事の数量**（商品の販売数量）**の積が最大値になる一点を求めることであり、**その一点は、こちら側と先方（得意先や外注先）が喜んで取引をする最高の価格にしなければならない。

売上＝単価×数量×頻度

この式において、単価を誤ると、数量と頻度にまでも大きな影響を与え、利益をなくすということだ」

「**大事なことは、誰かが稼いで誰かが稼いでいないということではないんだ。そして、仕事には価値の優劣はない。すべての仕事に同じ価値があり、社員一人あたりの仕事の総力でさらに高い価値を生み出しているということだ**」

「**価値は、顧客に届いた瞬間に生まれるんだ。**

製造は作っているから価値を生んでいる。営業は受注を取り販売しているから、価値を生んでいる。事務は、自分たちは顧客とも接してない、製品も作ってないから、価値を生んでいないと思っている。

どれも間違いだ。

どのような会社も、その会社のすべてのビジネスプロセスがあって価値を生んでいる。

一つでも欠けた時点で価値を生むことはできない」

「すべてのビジネスプロセスにはコストがかかっている。そして、そのプロセスは必要なプロセスであったとしても、そのプロセスの中の仕事にはムダがあるかもわからない。

図表12（再掲）

製造業では、このようなビジネスプロセスで業務が行われている

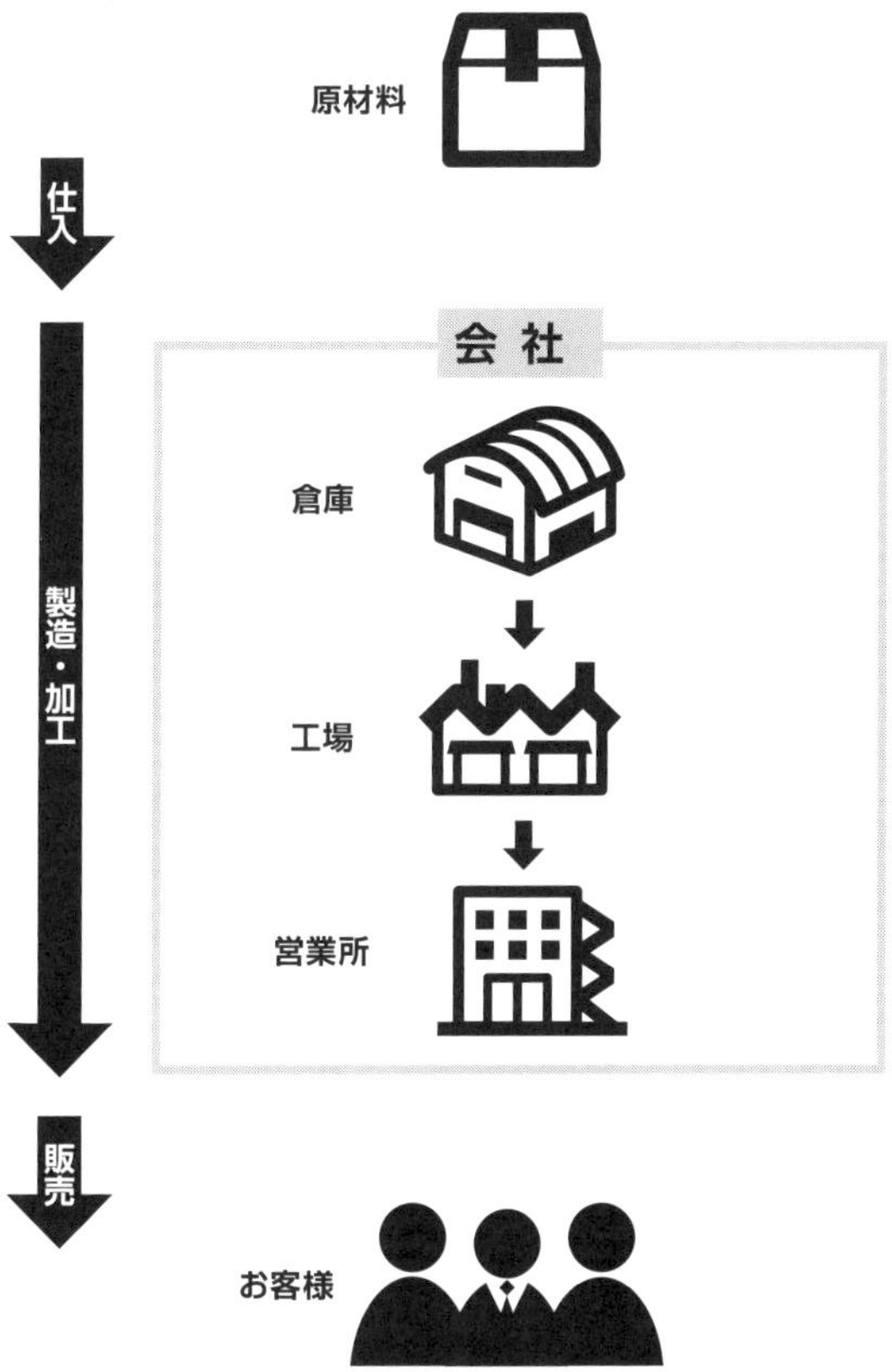

このようなプロセスで会社は動いているが、これらのプロセスには必要なことでも、このプロセスの中にある一つひとつの業務にはムダな業務もあり、そのムダな業務にもコストがかかっているんだ。

製造というプロセスは社内で作ろうが、外注で作ろうが必ず必要なものだが、その製造というプロセスの中の業務には価値を生まない業務もあるかもしれない。その価値を生まない業務にもコストはかかっている。

プロセスは必要なことでも、その中の業務にはムダなことがたくさんあるということだ。こういうことは、会計の数値からはわからない。数値は大事だが、数値に頼り切ってはいけないんだ。特に、会計は不完全なものだと思って活用することだ」

「その仕事は

・何をしているか（内容）

・何のためにやっているか（目的）

そして、その仕事の

・ゴールは何か（その仕事はどういう状態になれば終わりなのか）

を明確にして、仕事を止めることを考えてみる。

会社で何の疑問もなく毎日やっている一人ひとりの仕事を思い出すと、一つの仕事のために、また、別の仕事が生まれ、その仕事が当たり前のように日常に定着してしまっている。

仕事が仕事を生み、その仕事や作業のすべてにコストがかかっているということだ。

そのコストは、お金というコストだけでなく、時間というコストも使われている。そして、これらのコストは、仕事量の多い仕事や時間のかかる仕事で使われている」

「会社というのは、いとも簡単に窮地に陥ってしまう。そうして、その原因の多くが判断のミスだ。なぜ、判断ミスをしてしまうのか。その理由には三つある。

一つは、**経営に必要な正しい知識が不足している**ということ。

二つ目は、正しい知識に基づく、意思決定や判断のための**正しい資料が作られていない**ことだ。

経営者が経営する力を持たざるして、売上を伸ばすことに全力を注いでもそれは徒労に終わる。

経営者は、常に知識を修得する努力を惜しんではならないんだ。

三つ目は、経営者が、**売上第一主義ではなく、限界利益第一主義**であれば、ことの次第は変わっていた可能性がある。

もし、限界利益を最重要視する経営をしていれば、変動費が数量比例であることに気がついたかもしれない」

第３章　遼、奮闘し超黒字企業にする

「単価を引き下げて売上を伸ばすことはとても難しく、通常はやってはいけない」

「取引先の値下げ要請があったくらいで、すぐに自社の資金繰りがおかしくなるような脆弱な財務体質ではいけない。内部留保をして少々資金繰りが悪化してもびくともしないくらいの強い体質を作ることを優先しなければならない」

「会社を強くするためにはやってはいけないことがある。

それが、節税と粉飾だ」

「節税の実体は、単なる資金の社外流出だ」

「目先のお金ではなく、将来のためのお金を持つことが大事なのだ」

「限界利益がどうすれば生まれるのかについて話し合い、教育すること。

そして、グラフなどを使って、限界利益の状況がいつでも見えるようにすること」

「経営者が直接社員に話をしないといけないよ。

大企業の真似をして、組織でコトを動かそうとしてはいけない」

「何のために、経営するのか。

私は社員の生活、社員の家族を守るために経営するのが中小企業では最も適切な答えだと思う」

「社員を大事にし、社員の生活基盤を安定させ、仕事に集中できるようにしてあげることが会社の重要な役割だと思う。**社員第一主義**と言ってもいいかもしれない」

「この会社は君が作ったのではなく、作ってもらったんだ。誰がこの会社を最初に作り、今まで会社を継続するために、どれだけの努力をしてきたのかということを忘れてはいけない」

「経営理念というのは、意思決定や判断をするときのものさしになり、羅針盤にもなり、会社の使命を示すものだ」

「何のために経営するのか。これこそが会社の存在価値である」

「経営者が社員を最も大事に思うからこそ、社員は顧客に対し、経営者から与えられた思いを顧客に注げるのだ」

「会社は、どのような経営者であれ、その経営者を軸に動く。

図表14（再掲）

限界利益を毎日管理するために
その推移をグラフにする

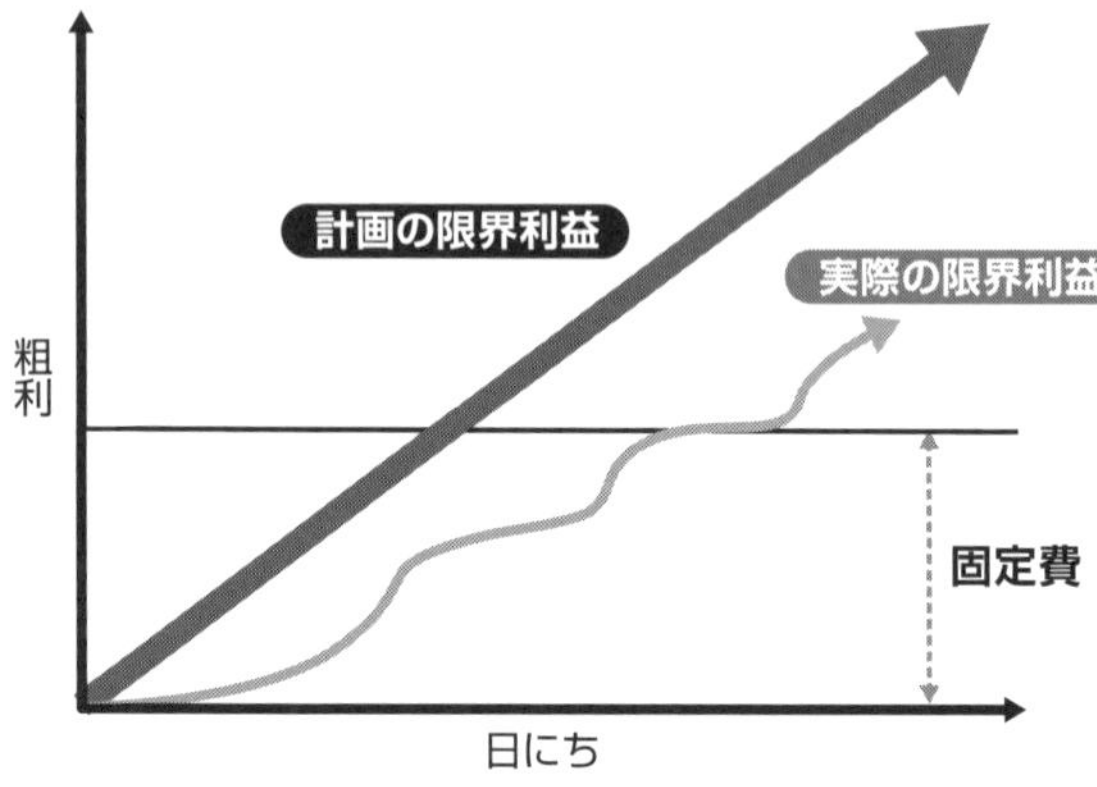

1カ月終わってから「どうだった」と言っても後の祭り。毎日、限界利益を共有するだけで会社は変わるんだ。

中小企業になればなおさらだ。

その経営者が変われば、会社は変わる。**どのような会社であっても、経営者が心を高め、経営のやり方を少し変えるだけで会社は変わるのだ**

「利益を出すと言っても、行動するのは人だ。その人を大事にしないで経営とは言えない」

「限界利益が固定費を下回らないようにする取り組みと固定費が限界利益を上回らないようにする取り組みが違うということだ」

「限界利益が固定費を下回らないようにするためには、限界利益が減少しないようにする。その方法の一つは、一つの得意先や一つの仕事で大きな限界利益を生み出しすぎないように限界利益を分散させることだ。もう一つは、何としてでも単価を上げる方法を編み出すことだ。こう言うと、それがわかれば苦労はしないと思うかもしれないが、苦労の末、単価を上げることができた会社がその苦労に見合う利益を受けることができるのだ。

固定費が限界利益を上回らないようにするためには、固定費が増えないようにすること。

それには、勘定科目で固定費予算を立てるのではなく、どういう仕事、業務が今後増える可能性があるのかを考え、それがどの勘定科目に影響が出るのか、その額がどうなるのかを検討することだ」

「**税金を経費と捉える**」

「**納税をして、税引後利益をしっかりと計上する。実は、このことが会社を継続していくためには、とても大切なことなんだよ**」

「世の中には、生きたいと願った明日がこない人も多くいるんだ」

「君の肩には、多くの社員とその家族の生活と未来がかかっている」

「君がいつ死んでもいいように、もし、何かあったときにはこうすればいい、という準備をしておきなさい。

それが経営者の使命だと私は思う」

「武志くんが決めたように、まず、誰に後を継いでほしいか、継いでもらうかを決めることだ。もし仮に、家族にいないのであれば社員でもいい。取引先でも。あるいは、外部の第三者でもいい。とにかく決めることだ。継がせる相手がいないではなく決めるんだ」

「もっと大事で決めておかなければならないことがある。

それは、君が死んだ後の様々なことを、誰が陣頭指揮を執ってやるのかということだ」

「まだ40代だから、事業承継はまだまだ先だという経営者がいるが、このような考えでは経営者としては未熟そのものだ。

40代であろうが、30代であろうが、経営者になったときから、もしものときのことを考えておかなければいけない。

会社のことを考え、社員のことを考え、得意先や仕入先のことを考え、そして、家族のことを考えるのであれば、忙しいと言っている場合ではない。

あなたの大事な人を困らせないことが大事ではないか」

エピローグ

◉9年後

遼は、この9年間を家のリビングで思い返していた。

横には遼の妻・愛希が座っていた。

「本当にやっていけるのか不安だった。とても心配だった。でも、何とかここまでやってこれた。

愛希、よくここまで助けてくれた。本当に有り難う。

社長になるように親父から言われ、そのあと、当分家のことも家族のこともかまってやれないと言ったよな。

本当によく家を守り、この間、娘たちをよく育ててくれた。ありがとう。申し訳なかった」

愛希の目からは、いっぱいの涙があふれ出た。

「大丈夫です。あのときから、この人は、夫でもなく、父親でもなく、みんなの社長になったと思い、苦労は覚悟していましたから」と涙を流しながら笑顔で答えた。

遼の会社は、売上は当初の2倍を超え9億になり、利益は前期こそ4000万円を切ったものの、その前年二期は7000万を超え、定期性預金は2億までになった。

証券会社からは上場の誘いもくるようになった。

しかし、遼は全く楽観視していなかった。

櫻田からこう言われたからだ。

よく売上が下がったから赤字になった。為替が円安になったから仕入が高くなって利益が減った。ということを聞くが、これは経営戦略がない会社だ。

本当の経営戦略は、自社の弱い体質を強化するために数年間かけて変革していくことを言う。

海の上を漂っているような、弱い経営をしてはいけない。環境は受け入れつつも、自らで体質を変えていく取り組みを積極的に行う、戦略的経営を忘れてはいけない。

例えば、お菓子を販売しているメーカーが問屋に販売を委ね、その後、小売が強くなり、通販が現れネットで購入できるようになると、問屋が弱体化し、このメーカーの売上は激減し、赤字に転落。内部留保も食い尽くし、存続さえも危ぶまれる状況にまでなってしまった。

なぜ、このようなことになってしまったのか。

それは、このメーカーの経営者が、営業を問屋の販売力に頼り切り、自社の販売部隊が単なる御用聞き営業になっていたことに危機感を持たなかったからだ。

社会や経済の変化を感じ、自社の何が弱いのか、何を強くしないといけないのかを明確にし、それを数年かけてでも改革改善していかなければならない。このことを経営戦略と言う。

「遼くんの会社に経営戦略はあるかな?」

遼は、嬉しそうな顔で

「ありません。でも、すぐに考えます。櫻田先生」

と言った。

遼は、まだまだやるべきことがあることを櫻田から教えられたことが嬉しかったのだ。

櫻田は、いつものニコニコした顔で言った。

「遼くん、櫻田さんでいいよ」

あとがき

多くの経営者の方は、「管理会計が大事だ」という認識を持っているようです。

そして、その管理会計という言葉をインターネットで調べると、さまざまな定義がヒットします。

考えている人、使っている人によって、微妙に定義が違ってしまっているのでしょう。

一方、財務会計は管理会計ほどさまざまな定義があるわけではないようです。

おそらく、管理会計というものの中身が曖昧でよくわからないということから、多くの定義や考え方が生まれてしまったのだと思います。

一つ、間違ってはいけないのは、管理会計であろうがなんであろうが、それは「手段」であり、決して管理会計に取り組むことを目的にしてはいけないということです。

この「手段」である管理会計でもさまざまな視点と考え方があることから、経営者が管理会計をしたいと思っても、何をすれば良いのかを正しく知ることができません。

当然、本書は、この管理会計について書いたものではありません。

しかし、利益を増やし、お金を増やすためには、何らかの数値管理手法が必要になります。ところが、多くの管理会計の考え方では利益が出るとは言えない、お金も増えるとは言えない。取り組む人によって、成果が違うというのが実状です。

私自身、会社再建や事業再生、赤字企業の黒字化などの仕事で、一般にいうところの管理会計を使ってきましたが、共通費の取り扱い、原価に対する考え方などが、会社再建や再生、黒字化の際の手法として使えば使うほど違和感があり、あまり役に立たないと感じていました。

一般に言われるところの管理会計は、会計の専門家やコンサルタントのいわば自己満足の理論で、「経営」の現場で意思決定や判断のベースに使うことは非常に難しいというのが、私の印象です。

私は、その後は変動損益を使った管理手法でクライアントを指導してきましたが、そのエッセンスを一社でも多くの企業に活用してもらえるよう、本書ではできるだけわかりやすく、かつ利益を増やすために使えるようまとめています。

一社でも多くの企業がこの考え方を活用し、利益を生み出し、お金を増やしていただくことを願っています。

本書では、モデルとして長年にわたってお付き合いいただいている会社を使わせていただきました。モデルにしたいという私からの申し出に、二つ返事で了承いただいた逵くん、また、登場いただいた一雄会長に心より御礼申し上げます。そして、武志社長に本書の感想を聞けないことが何よりも残念です。また、あさ出版の編集の清水典夫さんには出版日まで迷惑の掛け通しでした。お許しください。では、皆さんの利益倍増と資金倍増をお祈りしています。

2019年4月

梱原　浩一

■参考文献

『創造する経営者』ピーター・F・ドラッカー 著、上田惇生 編・訳(ダイヤモンド社)
『すでに起こった未来』ピーター・F・ドラッカー 著(ダイヤモンド社)
『利益が見える戦略MQ会計』西順一郎 編著、宇野寛/米津晋次 著(かんき出版)

著者紹介

椢原浩一（くにはら・こういち）

KRB コンサルタンツ株式会社代表取締役社長。認定事業再生士（CTP）。
1964 年大阪生まれ。近畿大学を卒業後、株式会社キーエンスを経て、27 歳のときに日本 LCA で経営コンサルタントに。1998 年独立。2003 年中小企業庁経営支援アドバイザー。
「専門家」という呼び名の通り一つの特定分野の知識を持ったコンサルタントが多いなか、財務はもとより戦略、金融、法律の4分野に関する豊富な知識と経験を持った数少ない経営コンサルタント。「安心と成長」を掲げ、本書にあるような黒字化や会社再建、事業再生、事業承継の実践的コンサルティングを行っている。
現在、「黒字メソッド®実践会」を主宰し、1 社でも多くの会社が 1 年で黒字になることを目指して、会員に黒字メソッドを公開、指導中。
2019 年1月現在、相談件数 3537 件。指導件数 991 件。再建再生社数 348 社。
著書に『銀行交渉がうまくいく返済猶予成功術』『一年で黒字を実現する赤字企業再建術』『別会社を使った究極の事業再生』（いずれも幻冬舎メディアコンサルティング）。

● KRB コンサルタンツ株式会社
https://krbcg.co.jp/

会社《かいしゃ》にお金《かね》を残《のこ》す経営《けいえい》の話《はなし》　〈検印省略〉

2019年　4 月 28 日　第 1 刷発行
2020年　4 月　1 日　第 6 刷発行

著　者――椢原 浩一（くにはら・こういち）
発行者――佐藤 和夫

発行所――株式会社あさ出版
〒171-0022 東京都豊島区南池袋 2-9-9 第一池袋ホワイトビル 6F
電　話　03 (3983) 3225（販売）
　　　　03 (3983) 3227（編集）
F A X　03 (3983) 3226
U R L　http://www.asa21.com/
E-mail　info@asa21.com
振　替　00160-1-720619

印刷・製本 美研プリンティング（株）

facebook　http://www.facebook.com/asapublishing
twitter　http://twitter.com/asapublishing

ISBN978-4-86667-137-6 C2034

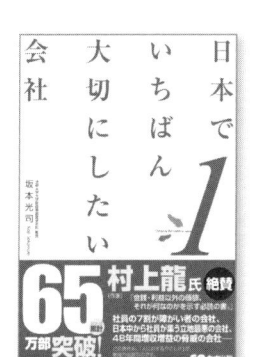

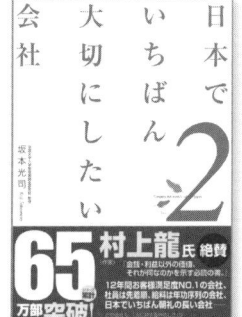

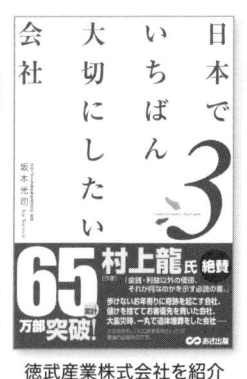

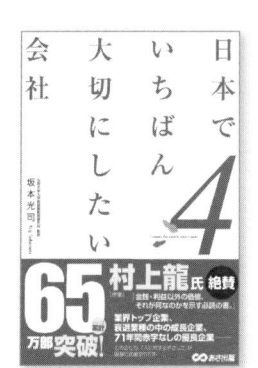

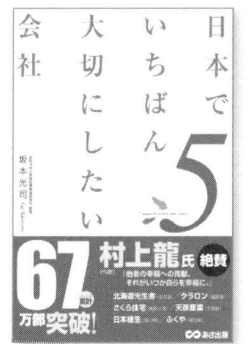

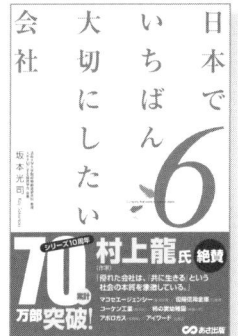